Autodisciplina

Controle sua Pensamientos, desarrolle Hábitos Diarios, converta la Procrstinacion en Productividad y aumente su Autoestima con un Proceso Comprobado para Lograr Cualquier Metas Español

Por

Jimmie Powell

TABLA DE CONTENIDO

Introducción. 5

Capítulo 1: La mente al descubierto. 7

Capítulo 2: Lo que las personas productivas hacen que usted no hace. 14

Capítulo 3: ¿Por qué la autodisciplina se siente como una lucha?. 22

Capítulo 4: Es hora de empezar a ganar en la vida. 27

Capítulo 5: Programe su subconsciente. 33

Capítulo 6: ¿Qué tan fuerte es su carácter?. 39

Capítulo 7: ¡ Es hora de establecer metas!. 46

Capítulo 8: Ser valiente. 54

Capítulo 9: La persistencia es la clave para la autodisciplina. 60

Capítulo 10: Gestión del tiempo: una habilidad crucial. 66

Capítulo 11: Cambia tu vida cambiando tus hábitos. 73

Capítulo 12: Mente sobre la materia.. 80

Capítulo 13 - El significado de su entorno. 95

Capítulo 14 : Cambie su enfoque para trabajar. 102

Capítulo 15 : Cambiando sus finanzas. 107

Capítulo 16 : La empresa que mantiene. 114

Capítulo 17 : Una pequeña recompensa puede significar recorrer un largo camino. 121

Capítulo 18: USTED. 126

Conclusión 131

☐ **Copyright 2018 por _Jimmie Powell - Todos los derechos reservados.**

El siguiente libro electrónico se reproduce a continuación con el objetivo de proporcionar información lo más precisa y confiable posible. En cualquier caso, la compra de este libro electrónico puede considerarse como un consentimiento al hecho de que tanto el editor como el autor de este libro no son expertos en los temas tratados y que las recomendaciones o sugerencias que se hacen aquí son solo para fines de entretenimiento. Se debe consultar a los profesionales según sea necesario antes de emprender cualquiera de las acciones aprobadas en este documento.

Esta declaración se considera justa y válida tanto por la Asociación de Abogados de EE. UU. Como por el Comité de la Asociación de Editores y es legalmente vinculante en todo Estados Unidos.

Además, la transmisión, duplicación o reproducción de cualquiera de los siguientes trabajos, incluida información específica, se considerará un acto ilegal, independientemente de si se realiza de forma electrónica o impresa. Esto se extiende a la creación de una copia secundaria o terciaria del trabajo o una copia grabada y solo se permite con el consentimiento expreso por escrito del Editor. Todos los derechos adicionales reservados.

La información en las siguientes páginas se considera en términos generales como una cuenta veraz y precisa de los hechos y, como tal, cualquier falta de atención, uso o mal uso de la información en cuestión por parte del lector rendirá cualquier acción resultante únicamente bajo su alcance. No hay escenarios en los que el editor o el autor original de este trabajo pueda ser considerado responsable de las dificultades o daños que puedan surgir después de comprometerse con la información aquí descrita.

Además, la información en las páginas siguientes está destinada solo para fines informativos y, por lo tanto, debe considerarse universal. Como corresponde a su naturaleza, se presenta sin garantía de su validez prolongada o calidad provisional. Las marcas comerciales que se mencionan se realizan sin consentimiento por escrito y de ninguna manera pueden considerarse un respaldo del titular de la marca.

Introducción.

Felicitaciones por descargar este libro y gracias por hacerlo. Hay muchos libros sobre este tema en el mercado, así que gracias de nuevo por elegir este ejemplar. Se hicieron todos los esfuerzos para garantizar que esté lleno de la mayor cantidad de información útil posible, ¡disfrutelo!

¿Alguna vez ha anhelado algo más fuera de su vida? ¿O tal vez deseaba que hubiera más que pudiera lograr? Los individuos exitosos son la envidia de muchos. Aunque las personas anhelan ser tan exitosas, muchas fallan en la búsqueda. El éxito a largo plazo sostenido por los individuos más exitosos se define por una cualidad que los diferencia de todos los demás: la autodisciplina.

No importa lo talentoso o talentosa que sea, solo llegará muy lejos si no le falta la autodisciplina para ver sus objetivos en todo momento. Ese compromiso se ve subrayado por el dicho de que aquellos en la cima de la montaña no cayeron allí. Todos los que han alcanzado el pináculo del éxito se abrieron paso a través de la sangre, el sudor y las lágrimas. Incluso los líderes nacidos naturalmente necesitan tener autodisciplina para alcanzar y mantener su posición en la parte superior.

Sean cuales sean los objetivos y las aspiraciones que tenga, ya sea para la vida o la carrera, la autodisciplina es el ingrediente crucial para convertir sus sueños en realidad. No hay manera de evitarlo.

Con este libro, comprenderá mejor cómo funciona la mente, qué diferencia a las personas exitosas, programar su subconsciente, controlar sus pensamientos, desarrollar hábitos saludables y productivos, moldear su entorno, cambiar su forma de trabajar y más.

Está a punto de comenzar un viaje que cambiará su vida. No es necesario que nazca con autodisciplina para comenzar a hacer una diferencia significativa en tu vida. ¡Solo necesita cultivarlo y el tiempo para que comience es ahora mismo!

Capítulo 1: La mente al descubierto.

¡Bienvenido al primer día del nuevo tú! Ha dado el primer paso para llevar una vida más satisfactoria. Una vida llena de propósito y logro. Usted se ha dado cuenta de que hay una cosa entre usted y sus sueños: la falta de autodisciplina. El primer paso para solucionar cualquier problema es reconocer que el problema existe. Sólo entonces podrá resolverlo.

Si está cansado y descontento con vivir una vida mediocre, es hora de dejar de desear que las cosas mejoren y comenzar a hacer algo al respecto. Nada cambiará a menos que usted lo haga, y la razón por la que le resulta difícil ponerse en marcha en primer lugar es que sufre de falta de autodisciplina. Por lo tanto, trabajar duro, esforzarse para hacer un esfuerzo adicional y superar constantemente los desafíos siempre se siente como una batalla cuesta arriba. Es hora de despertar y darse cuenta de que su vida no tiene por qué ser así. Puedes cambiar las cosas.

A partir de este momento, debe decidir comenzar a convertirse en una persona más disciplinada.

La autodisciplina comienza en la mente.

La autodisciplina es la capacidad de controlar sus emociones y sentimientos hasta un punto en el que puede ayudarlo a superar sus debilidades y el deseo de ceder a la tentación. Las personas no nacen con autodisciplina. Es un estado mental. Es algo que puedes aprender. Una vez cultivado, se convierte en parte de lo que eres. Usted puede preguntarse si el cambio es todavía posible. Sí, absolutamente sí.

¿Cómo puede la autodisciplina hacer una diferencia tan grande en su vida? Usemos el fútbol para ilustrar. Un equipo necesita un gol para ganar. Sin uno, estaría pateando la pelota por el campo sin rumbo fijo. Naturalmente, los jugadores de fútbol no patean la pelota sin rumbo alrededor del campo para matar 90 minutos de tiempo. Manejan el balón de una dirección a otra con un propósito: obtener una victoria para su equipo. Se fijan en la meta. Ellos superan cualquier desafío que se les presente con determinación y disciplina. Ellos hacen lo que sea necesario para hacer la patada ganadora.

Del mismo modo, en la vida, si flota día a día sin rumbo fijo sin un objetivo específico en mente, no logrará nada de importancia. No hay un verdadero sentido de propósito. Solo estaría pateando una pelota alrededor del campo solo para pasar el tiempo hasta que termine. Necesita tener su vista puesta en algo específico, algo lo suficientemente fuerte que le dé suficiente fuerza de voluntad mental para superar sus desafíos. Para lograr que su mente esté lo suficientemente enfocada e impulsada para ir en la dirección correcta, necesita una fuerza motriz clara para continuar y no detenerse hasta que se haya alcanzado la línea de meta.

Autodisciplina y fuerza de voluntad.

La fuerza de voluntad y la autodisciplina a menudo se usan indistintamente, pero no son lo mismo. Aunque ambas cualidades son esenciales porque trabajan juntas para ayudarlo a lograr sus metas, tienen diferencias distintivas. La fuerza de voluntad es el esfuerzo cuando está determinado a realizar una tarea. Es el nivel de control que un individuo utiliza para restringir sus impulsos. La fuerza de voluntad puede ser de corta duración y solo se usa cuando el momento lo requiere. A veces, podría ser tan simple como seguir un conjunto de reglas temporales para lograr un resultado a corto plazo, como hacer dieta o dejar de fumar. En resumen, es la capacidad de empujarse y controlarse a usted mismo y a sus acciones cuando sea necesario.

La autodisciplina, por otro lado, se trata de su mentalidad. Se enfoca en ponerse en contacto con usted mismo, lo que quiere, en lo que cree y moldear su vida en torno a esa creencia. La autodisciplina es un rasgo que se construye para la vida. No hay una solución a corto plazo o reglas a seguir.

Es una cualidad que se construye para toda la vida. La fuerza de voluntad puede ayudarle a hacer precisamente eso.

Para ilustrarlo mejor, piense en la fuerza de voluntad como un ejercicio y la autodisciplina como el músculo. Con el ejercicio regular y constante puede construir músculos más grandes y fuertes. No hace falta decir que un cuerpo fuerte y saludable aporta innumerables beneficios. De manera similar, con la cantidad correcta de fuerza de voluntad, puede desarrollar una autodisciplina más fuerte y los beneficios que la acompañan.

Sin embargo, la autodisciplina, como un músculo, tiene una fuente limitada de energía y fuerza. Si está sobrecargado de trabajo, puede agotarse, al igual que cómo se sentiría su cuerpo después de un entrenamiento vigoroso de todo el cuerpo. Nadie tiene la capacidad de hacer ejercicio de manera continua todo el tiempo, por ello tendrá los momentos en que deberá detenerse y será necesario descansar. Este tipo de errores ocurren con mayor frecuencia cuando estamos agotados mentalmente; después de demasiadas decepciones, tal vez, o por la tensión de tener que superar un desafío tras otro.

Los estudios sobre el tema han demostrado que grandes cantidades de esfuerzo mental pueden comprometer las acciones posteriores de una persona. Te sientes más desanimado cuando algo no funciona como esperaba, a pesar de sentir que lo has hecho todo lo mejor posible. Tu fuerza de voluntad comenzará a disminuir con cada falla. Eventualmente, con el tiempo, puede ser más difícil y cada vez más difícil recuperar la fuerza de voluntad para hacer de la autodisciplina un hábito. Por lo tanto, es mucho más fácil rendirse cuando las cosas se ponen difíciles o parecen imposibles de lograr.

La única forma de hacer que nuestros cuerpos y músculos sean físicamente más fuertes es mediante el ejercicio regular hasta que pueda soportar una mayor presión sin fatiga. Lo mismo se debe lograr con autodisciplina. Es como su "músculo mental" y necesita ponerse en forma. Cuanto más trabaje en la autodisciplina, más fuerte y más resistente se volverá con el tiempo, hasta que, finalmente, se convierta en algo natural para usted y la idea de rendirse o dejar de hacerlo ya no esté en su imagen mental. Fortalecer este músculo proporciona el objetivo final. La autodisciplina es una habilidad que puedes aprender.

Dureza mental y carácter.

Necesita ser mentalmente duro para aplastar y despejar cualquier duda que pueda deslizarse en su mente. La fortaleza mental, que exploraremos más a fondo en este libro, es un activo valioso cuando se trata de superar sus distracciones y convertirse en una persona más autodisciplinada. Las personas que son mentalmente duras no se rinden. Tienen el impulso de hacer lo que sea necesario para tener éxito; para volver a subir 10 veces después de caer por nueve.

Un carácter fuerte también es esencial para la autodisciplina. A menudo, la falta de autodisciplina es un signo de carácter débil. Construir un personaje te permitirá resistir cualquier desafío que puedas enfrentar. Si tienes éxito, la autodisciplina nunca será una lucha en tu vida.

Prepárese para trabajar duro.

De nuevo, como un músculo físico , no hay un atajo para aumentar la autodisciplina. Tiene que poner tiempo, esfuerzo y energía si quiere que esto suceda. Con más disciplina, verá más cambios positivos en su vida. Sin embargo, tendrá que hacer sacrificios y ajustes. Habrá desafíos difíciles por delante, pero todo valdrá la pena.

El camino hacia la autodisciplina lo pondrá a prueba y lo empujará más allá de su zona de confort. Sin embargo, también hará de usted una persona mucho más fuerte y mejor. Hay una razón por la que a menudo escuchamos que las personas exitosas atribuyen su éxito al trabajo duro y la autodisciplina.

Capítulo 2: Lo que las personas productivas hacen que usted no hace.

Es probable que las personas exitosas logren más porque tienen la disciplina y el impulso para seguir avanzando y nunca rendirse o levantarse. Han creado hábitos útiles y se apegan a ellos. Trabajar duro es una segunda naturaleza para ellos. Ir más allá de lo que se necesita se ha convertido en parte de ellos y lo dan todo.

Si quiere convertirse en una persona exitosa y productiva, deberá comenzar a hacer lo que ellos hacen.Emular sus hábitos. Imitar sus comportamientos, particularmente cuando superan obstáculos. Siga de cerca sus pasos. No hay necesidad de preocuparse. Estos hábitos son fáciles de adoptar. Todo lo que necesita es el deseo de hacerlo.

Hábitos de las personas exitosas y productivas.

Hábito # 1 Ignorar Etiquetas.

Las personas exitosas son indiferentes a las etiquetas maliciosas. Al ser llamados aburridos, nerds, geek o rígidos, no los perturban. No permiten que estas etiquetas los definan porque sus ojos se fijan en la imagen más grande:

sus objetivos. Las personas exitosas saben y creen que los nombres y etiquetas hirientes, ignorantes o malintencionados no importan. Sus ojos están firmemente fijos en el premio. Lograr sus objetivos y hacerlos realidad es lo único que importa. Por lo tanto, permanecen muy por delante de la curva, logrando logros que se convierten en la envidia de los demás.

Hábito # 2: Evitar las distracciones.

Evitar la tentación tomará mucha fuerza de voluntad. Si no tiene la disciplina adecuada, se encontrará constantemente distraído y atascado en una rutina. Se sentirá que otros ya se han superado a medida que se sienta allí no va a ninguna parte. Esta situación es donde las personas productivas con autodisciplina realmente brillan. Encontrarían formas de evitar y resistir activamente la tentación, sin dejarse atrapar por alegrías temporales. La gratificación inmediata no les sirve de nada. Siempre piensan a largo plazo y se centran en el panorama general. Por lo tanto, no pasan horas frente al televisor. Encuentran cosas más productivas que hacer con su tiempo. No pierden el tiempo en asuntos triviales como muchos otros lo harían. Cuando se enfrentan a distracciones, las personas productivas a menudo encuentran la manera de cambiar su entorno. Esta estrategia es una que puedes imitar.

Hábito # 3 Establecer metas.

Las personas exitosas se despiertan cada día con un objetivo en mente. Saben lo que quieren lograr en ese día y no pierden el tiempo. Establecer metas y tener una misión clara y definida para la vida es esencial. Las metas mantienen a las personas productivas en el buen camino. Están proporcionando un camino claro sobre lo que se debe hacer y los pasos de acción precisos que deben tomarse para llevarlos a la línea de meta. Discutiremos más sobre este tema en el Capítulo 4.

Hábito # 4 Desafíate a ti mismo.

Si hay algo que hacen las personas productivas y exitosas, es que nunca huyen a un desafío. De hecho, abrazan los desafíos y los tratan como una misión personal para ver cómo lo superarán. Se montan en la emoción de los logros que los motiva y los mantiene en marcha. Los desafíos, para ellos, son oportunidades de mejora. Puede ser tentador mantenerse cómodo y relajado de vez en cuando, pero los nuevos desafíos capacitan a su autodisciplina para ser mejor.

Empieza a abrazar retos. Formarán parte de su historia cada vez que trabaje para lograr un nuevo objetivo.

Hábito # 5 Mira la imagen más grande.

Mantenerse motivado y persistente puede ser difícil cuando no puede ver directamente el resultado final. Trabajar sin parar mientras te preguntas cuándo verás los frutos de tu trabajo no es algo que todos puedan hacer. Esta situación pone de relieve por qué la autodisciplina es nuevamente de la mayor importancia. Sin ella, las personas exitosas no hubieran llegado tan lejos como lo hicieron. Se necesita mucha agilidad, determinación y, como lo adivinó, autodisciplina para mantenerse en el camino sin importar lo que venga en su camino. Muchos de ellos tuvieron que esperar, algunos, por varios años. Tuvieron que seguir trabajando para alcanzar sus objetivos antes de que se hiciera realidad y todo su trabajo arduo valiera la pena. Es este tipo de ética de trabajo que necesita comenzar a emular si también quiere emular su éxito.

Las personas exitosas se han enseñado a sí mismas a visualizar, a verse a sí mismas al final de sus metas, a lograr el éxito con una sonrisa en la cara. Visualizan la imagen tan vívidamente, motivándose a sí mismos para hacer cualquier cosa para alcanzar su objetivo. La visualización es una herramienta poderosa que debe formar parte de su rutina diaria.Puede ser transformador. Cuando pueda ver y sentir un objetivo tan claramente en su mente, lo suficientemente claro como para creer que es real, centrarse en él alimentará su deseo de convertir esa visión en realidad. Veremos más de cerca la visualización en el capítulo 5.

Hábito # 6 Saber cuándo decir no.

Decir que no, no siempre es lo más fácil de hacer, especialmente con familiares y amigos. Decirle que no a una noche en la ciudad con tus amigos para trabajar en tus metas puede ser difícil. A veces, saber que tiene que priorizar sus metas le entristece. Sin embargo, es necesario establecer límites y sus metas deben ser lo primero.Por supuesto, decir No es algo que tendrá que hacer todo el tiempo. Una vez que logre sus objetivos, puede celebrar su éxito con familiares y amigos y establecer los arreglos adecuados en su agenda.

Desarrollar la autodisciplina para decir no. Es una forma más fácil. Sin embargo, estará agradecido por la decisión cuando coseche las recompensas de su sacrificio.

Hábito # 7 Confianza en sí mismo.

La confianza es otra herramienta que tendrá que comenzar a cultivar junto con la autodisciplina. ¡Necesitas creer en ti mismo! Creer que puede hacerlo. Desarrolle su confianza a niveles inquebrantables.¿Por qué? ¡Porque usted puede!

Las personas exitosas no dudan de sí mismas. Esta creencia es cómo llegaron a la cima. Sin embargo, si se cuestionaran y permitieran que la duda se introdujera (" No sé si puedo hacer esto ..."), no hay forma de que hayan llegado tan lejos como lo hicieron. La confianza, al igual que la autodisciplina, es algo que se acumula con cada logro que se logra. Cada vez que alcance una meta, siéntase bien y dígase que siempre supo que podía hacerlo. Celebre su éxito, tanto grande como pequeño, porque cada logro merece reconocimiento.

Hábito # 8 Cree en el trabajo duro.

Los individuos exitosos no pasan demasiado tiempo pensando en sus talentos y su suerte en la vida. Saben que el trabajo duro y el esfuerzo es lo que más importa al final del día. Una combinación de trabajo duro, disciplina, determinación, unidad y fuerza de voluntad es la combinación ganadora que necesita. Ninguna cantidad de talento o suerte puede sustituir al trabajo duro. Se empujan a sí mismos para seguir hacia donde muchos preferirían darse por vencidos. Es esta tenacidad la que marca la diferencia en el mundo.

El Hábito # 9 de autodisciplina no es una cosa de una sola vez.

Si realmente desea tener éxito al igual que sus modelos a seguir, debe hacer que la autodisciplina sea parte de lo que es. No es solo un rasgo que usted saca una o dos veces. Si desea cambios positivos en su vida, la autodisciplina tiene que estar arraigada en usted, debe convertirse en una segunda naturaleza.

Hábito # 10 Manténgase enfocado.

¿Cuándo fue la última vez que se concentró en una tarea hasta que la viste completamente? O, ¿cuándo fue la última vez que estableció un objetivo para usted mismo que estaba decidido a alcanzar sin importar los desafíos que se le presentaran? Termine lo que empiece. Ver las cosas a través de sus logros es lo que hacen las personas productivas y exitosas todos los días.

Hábito # 11 Buscar un Propósito.

Las personas productivas hacen listas de las tareas que deben realizar cada día para que se despierten listas. Ellos saben qué hacer y nunca pierden un momento. Levantarse cada mañana con un propósito en mente es cómo usted ayuda a construir la disciplina que necesita porque sabe lo que debe hacer, solo necesita decirse que una tarea debe hacerse sin importar qué.

Estos hábitos son solo algunos ejemplos que las personas exitosas y productivas del mundo ya están haciendo activamente. ¿Cuántos de estos hábitos está practicando actualmente en su vida? No se preocupes si la respuesta es ninguna. Nunca es demasiado tarde para comenzar, y no hay mejor momento que ahora. Convertirse en un individuo más autodisciplinado es un asunto serio. Inicialmente, los cambios que está a punto de sufrir pueden ser difíciles e incómodos. Tomará algún tiempo ajustarse a eso, pero, tiene que seguir empujando. Mejora cuanto más lo mantiene, y pronto, los hábitos de individuos productivos y exitosos también serán una segunda naturaleza para usted.

En última instancia, el cambio para convertirse en una persona más disciplinada debe comenzar desde dentro. La ayuda externa solo lo llevará muy lejos. El ardiente deseo de vivir a su máximo potencial lo llevará hasta el final hasta que cruce esa línea de meta. Con estos hábitos como guía, nada puede impedirle que se mejore a sí mismo. Muchos lo han hecho y usted puede ser uno de ellos.

Capítulo 3: ¿Por qué la autodisciplina se siente como una lucha?.

Si alguna vez lo ha decepcionado su falta de autodisciplina, no está solo. Puede que sepa lo importante que es cuando se trata de alcanzar sus objetivos, por lo que puede ser frustrante darse cuenta de que no se ha convertido en un hábito. Puede que incluso haya exhibido autodisciplina en el pasado, pero mantener ese impulso en una tirada, es una lucha.

¿Porqué es tan dificil?.

La autodisciplina requiere esfuerzo y trabajo duro constante. Naturalmente no es una cosa fácil para todo el mundo. Las personas exitosas y productivas no nacen con ello. Más bien, desarrollaron la autodisciplina mediante una acción determinada y al hacer los sacrificios que nadie más puede o desearía hacer. También es necesario poner tanto esfuerzo como ellos lo han hecho.

Aunque no hay atajos, sería más fácil desarrollar la autodisciplina si supiera por qué lo quiere. En consecuencia, también puede enfrentar desafíos que le impiden perseverar.

Compañeros.

Otra razón por la que podría estar luchando con la autodisciplina son sus compañeros. Puede haber demasiada negatividad en los grupos que frecuenta sin la suficiente positividad para equilibrarlo. Las personas con las que se rodea tienen una influencia mucho mayor en usted de lo que se imagina y las exploraremos más adelante en el libro.

Tenga un pensamiento rápido sobre las personas que están actualmente en su vida en este momento. ¿Pueden ayudarlo a mantenerse motivado? ¿Cómo ven el mundo? ¿Están siempre en busca de maneras de mejorar a sí mismos?. A menudo, no reflexionamos lo suficiente sobre las relaciones y las personas que conforman nuestro círculo. Con nuestro objetivo de autodisciplina, ese círculo debe ser reevaluado y quizás incluso redefinido.

La Pereza.

La pereza es un enemigo de la productividad y la autodisciplina. Además, la atracción y el encanto de la pereza son tan fuertes que sucumbir a ella es terriblemente fácil. En el momento en que te absorben en el ciclo de la pereza, salir puede ser muy difícil.

Ciertamente no ayuda que la pereza a menudo esté acompañada por la dilación. La combinación de estas dos cualidades a menudo conduce al desastre. Son los hábitos más mortíferos que cualquier persona podría tener, y generalmente son las razones por las que no está teniendo éxito. Al igual que una fuerza invisible que lo está llevando al lado oscuro, la pereza es un enemigo contra el que con frecuencia luchará en su misión para convertirse en un individuo más autodisciplinado.

Dejando ir.

La dificultad para dejar ir el pasado es otra razón por la que puede estar luchando con la autodisciplina. Los fracasos y reveses pasados tienen una forma de perseguirle. Tienen una forma de hacerle dudar de usted mismo. Estos eventos pasados pueden dejarlo en duda y paralizarlo con la idea de repetir esos mismos errores. Estos problemas son a menudo suficientes para empujar a muchos a rendirse. Desarrollar la autodisciplina requiere abandonar el pasado. No deje que sea el ancla que le pese. Libérese ahora mismo y no permita que lo detenga por un momento más.

Dilación.

Otro enemigo de la autodisciplina es pensar que tienes todo el tiempo del mundo. Por supuesto, esa no es la verdad. El tiempo y la marea no esperan a nadie, dice el viejo adagio. El tiempo no disminuirá para usted. Antes de que se dé cuenta, un momento ya habría pasado y se habrá perdido una oportunidad potencialmente valiosa. Por lo tanto, nunca caiga en la trampa de pensar que el tiempo está en abundancia y que la dilación es aceptable. Nunca podemos saber lo que podría pasar en el camino.

Sin la autodisciplina, se vuelve fácil perder el sentido de urgencia para lograr un objetivo o una tarea que se proponga. La tentación está a su alrededor, y el deseo de ceder a ella a menudo puede parecer ineludible. Tiene dispositivos electrónicos, servicios de transmisión, redes sociales, juegos y mucho más. No hay escasez de excusas y razones para posponer las cosas. Es una lucha interna constante, sin embargo, debe dejar que la autodisciplina gane.

Zona de Confort.

Las zonas de confort son otro territorio peligroso y contribuyen a la lucha por aplicar la autodisciplina. El problema está en el propio nombre: "comodidad". ¿Por qué querría dejar un lugar de comodidad y dirigirse a un desafío? Con esta mentalidad, siempre luchará para mantener la autodisciplina. La complacencia puede establecerse y siempre encontrará excusas para evitar ponerse en práctica. Las zonas de confort no son intrínsecamente malas. Sin embargo, nunca debe permitirse ser complaciente porque entonces corre el riesgo de perder el deseo de hacer cualquier cosa. En su lugar, aprenda a amar un desafío.

Pensamientos finales.

¿Se está preguntando si todos estos esfuerzos adicionales valdrán la pena? Recuerde, nada de lo que valga la pena ha sido fácil. Las metas y los logros son el producto de un trabajo largo y arduo y eso incluye el desarrollo de la autodisciplina. No se permiten atajos! . Mantenga una actitud positiva. El viaje será duro, así que prepárese.

Una persona que carece de autodisciplina tendrá dificultades para lograr el éxito que desea en la vida. Carecerán del impulso necesario para trabajar y hacer los sacrificios necesarios. Recuerde, la falta de autodisciplina le impedirá realizar todo su potencial. Cuando las cosas se ponen difíciles, la falta de autodisciplina le quitará rápidamente cualquier motivación para realizar el trabajo. No deje que esto le pase a usted.

¿Cuántos de los puntos anteriores puedes ver en usted mismo?¿Algunos? ¿Todos? ¡No se sienta tan mal! No está solo en esta lucha. Es por eso que ha decidido recoger este libro en primer lugar. Querer cambiar esa sola resolución es un tremendo paso adelante. Usted sabe dónde está el problema, y el primer paso para solucionar cualquier problema es reconocer que existe uno. Así que felicitaciones! Ya se ha puesto en el camino correcto. Todo lo que necesita hacer ahora es seguir avanzando.

Capítulo 4: Es hora de empezar a ganar en la vida.

Como ya hemos establecido, si desea participar para ganar, necesita tener la autodisciplina de su lado. De lo contrario, tener éxito en la vida será una constante batalla cuesta arriba y frustrante. Vivirá su vida en la mediocridad, en la envidia del éxito de otras personas, pero nunca hará lo posible. Recuerde, todos pueden disfrutar de la vida a su máximo potencial y sacar el máximo provecho de ella. El proceso ganador comienza con usted mismo.

Cualquiera puede aprender a construir un hábito saludable de autodisciplina. Solo necesita hacer esa elección. Una vez que tenga el mayor deseo de hacerlo, se sorprenderá de los efectos positivos que puede tener en su vida y de la diferencia que puede traer. Una persona puede pasar de pobre a rico, de triste a feliz, de mediocre a exitosa, e incluso poco saludable a sana con solo este simple hábito. Para llegar allí, necesita comenzar a definir su misión y sus metas.

Encontrar su misión.

¿Qué espera sacar de la vida? No es suficiente decir "Quiero tener éxito", "Quiero riqueza", "Quiero ser alguien importante" o "Quiero ser un líder". Si bien estas declaraciones generales son un buen comienzo, tener una visión más específica en mente lo ayudará a concentrarse y reducir los pasos en los que necesita trabajar. Naturalmente, todos quieren tener éxito y nadie dirá no al éxito. Sin embargo, ¿en qué exactamente quiere ser exitoso?

Encontrar su misión puede ser difícil cuando cree que le falta el talento. Puede ser aún más difícil cuando tienes baja autoestima y no cree en si mismo en absoluto. Si bien algunos parecen nacer con talentos naturales, el resto de nosotros puede requerir más tiempo y esfuerzo para descubrir en qué destacamos. Es posible que algunos ni siquiera se den cuenta de que tienen el potencial de ser sobresalientes hasta que sean empujados a su límite. Por lo tanto, tenga en cuenta que siempre hay algo en lo que puede brillar. Solo necesita descubrirlo. Tal vez, dejar su zona de confort puede ser incluso la clave para encontrarlo. Nunca lo sabrá a menos que lo intente.

Establezca una meta para si mismo. No tiene que ser algo grande de inmediato (a pesar de que es tentador querer intentar lograr sus objetivos de una vez). Siempre puede comenzar con un objetivo pequeño y luego generar impulso y confianza a partir de ahí. Escríbalo. Tener objetivos escritos claros los hará reales y lo ayudará a definir lo que se debe lograr. Por lo tanto, sus metas ya no son pensamientos e ideas aleatorias en su cabeza que pronto se olvidan. Anótelos, tal vez más de una vez. Lleva esta lista a todas partes contigo. Mírelo cada vez que necesite recordar su meta y por qué está haciendo lo que está haciendo.

¿Tiene problemas para definir sus metas?

Cuando tenga problemas para definir sus metas, entonces responder las siguientes preguntas lo ayudará a comenzar. No se conforme con solo leer y responder mentalmente las preguntas. Consiga una pluma y papel. Escriba tanto la pregunta como su respuesta:

- ¿Qué aspectos de mi vida quiero mejorar?(Nombre 3 áreas)
- ¿Qué podría estar frenándome además de la falta de autodisciplina?
- ¿Qué encuentro personal y profesionalmente desafiante?
- ¿Cuál es un objetivo personal que me importa en este momento?
- ¿Qué es una meta de carrera que me importa en este momento?
- ¿Cómo es el éxito para mí?
- ¿Cuáles son las 3 cosas más importantes en mi vida en este momento?
- ¿Cuáles son las 3 cosas que quiero hacer con mi vida (está bien si quieres escribir más de tres)?

- ¿Qué 3 o más pasos de acción debo tomar para ayudarme a alcanzar mis metas?
- ¿Cuándo quiero que se logre este objetivo?
- ¿A quién puedo tener como un modelo a seguir?

Tener un conjunto de preguntas con las que trabajar como las de arriba ayuda a darle una perspectiva diferente. Le hace pensar en lo que importa y le permite ver por qué todavía no ha alcanzado sus objetivos. En lugar de proporcionar respuestas vagas, sea claro, específico y conciso. Cuanto más definitivo sea, mejor será para usted concentrarse en lo que es importante aquí.

Cuando defina su misión y establezca su objetivo, recuerde este punto clave: sea flexible y adaptable. Redifina y modifique sus objetivos en el camino, según sea necesario. De hecho, puede ser una buena idea revisar sus objetivos regularmente para ver si siguen siendo una prioridad. Además, una revisión regular le permitirá supervisar su progreso.

Idealmente, debe establecer un tiempo para usted mismo cada semana para una reflexión profunda. Piense en sus metas y evalúe su progreso. ¿Los pasos de acción que usted estableció inicialmente, van de acuerdo con el plan? ¿Lo acercan mucho más al logro de sus metas? Si sus prioridades y objetivos han cambiado, ¿es necesario modificar y refinar estos pasos de acción? La auto-reflexión crítica semanal ayudará a aclarar si sus esfuerzos hasta el momento han sido productivos.

Este es un ejemplo de un objetivo y los pasos de acción que necesita para lograrlo:

Meta: Perder Peso en 6 Meses

Pasos de acción:

Haga ejercicio durante al menos 30 minutos, 3 veces por semana o más

Comience a preparar las comidas y minimice la comida rápida o para llevar

Redefina el contenido de su refrigerador. Elimine productos poco saludables o cualquier cosa que le impida alcanzar su objetivo

El breve ejemplo anterior es una buena guía para establecer una meta cuando haya definido su misión. En él, la misión era perder peso y el objetivo era hacerlo dentro de 6 meses con tres pasos de acción diseñados para ayudarlo a alcanzar ese objetivo.

Ser realista.

Apuntae alto pero mantenga las cosas realistas. Hacer demasiado tiempo y tratar de hacer demasiado a la vez podría ser contraproducente y hacerle retroceder en lugar de motivarlo a seguir avanzando.Si ya estaba luchando con la autodisciplina antes de emprender este viaje, cualquier contratiempo puede desalentarlo y desmotivarlo para seguir avanzando. Establecer metas pequeñas, accionables. Es un buen momento para volver a verificar la lista de resoluciones que hace cada año pero que nunca cumplió.

Una vez que haya anotado sus metas, no las deje en ningún lugar donde se olvide de ellas. Mantenga los objetivos escritos donde los verá todos los días sin falta. Tal vez, en algún lugar alrededor de su casa o su oficina donde no pueda perderse. Nuevamente, debe poder ver físicamente el objetivo cada día. Le servirá como un recordatorio constante de que necesita seguir trabajando.

¿Por qué no pegarlo en su casa? En la puerta principal para que lo vea cada vez que sale de la casa; en el espejo que usa para arreglarse cada mañana; en su coche e incluso en su cubículo en el trabajo.

Capítulo 5: Programe su subconsciente.

Su subconsciente es como un músculo que acaba de comenzar a hacer ejercicio. Para "programar" ese músculo para que sea más grande y más fuerte, se requiere la repetición. Cada repetición aumentará la fuerza y aclimatará los músculos al entrenamiento. Del mismo modo, su subconsciente necesitará entrenamiento repetitivo. Trabaja continuamente hasta que haya crecido sano y fuerte, y haya cambiado en la dirección que quiere que vaya. Será un proceso de reacondicionamiento. Cuando se entrena correctamente, el subconsciente será vital para la autodisciplina que está profundamente arraigada y es de segunda naturaleza.

Las reglas del juego.

Su subconsciente es una herramienta poderosa que hasta ahora puede haber sido subutilizada. ¿Qué tan poderosamente puede pedir? Es tan poderoso que si lo tocas directamente, podrás mover montañas (montañas figurativas, por supuesto), aplastar cada objetivo que te hayas fijado. También experimentará más felicidad, equilibrio emocional y contenido con la vida. Alimente a su subconsciente con pensamientos más positivos y ayúdelo a crecer con nuevas creencias afirmativas. Para hacerlo, hay tres reglas que debe cumplir:

DEBE saber EXACTAMENTE lo que quiere.

DEBE identificar los patrones de comportamiento subconscientes que pueden estar obstaculizandolo.

DEBE TRANSFORMAR su forma de pensar.

Vamos a empezar.

Con las reglas en mente, es hora de reprogramar su subconsciente, y estas son las estrategias más efectivas que deben utilizarse para que esto suceda:

El poder de las metáforas.

Las metáforas pueden ser herramientas poderosas. A menudo se usan en libros, películas y comerciales para ayudar a transmitir y enfatizar mensajes. Tienen el mismo efecto poderoso que tienen las afirmaciones positivas.

Use solo metáforas y descripciones positivas, y encuentre las que mejor funcionen para usted. No intente copiar las metáforas de otra persona. Tiene que ser algo que resuene profundamente con usted mismo. Debe ser algo con lo que se sienta conectado que despierte emociones poderosas y alimente su deseo de ser mejor. Las prioridades de las personas difieren. Por lo tanto, lo que puede funcionar para una persona no necesariamente funciona para usted. Escucharse usar las palabras correctas es crucial. Por ejemplo, piense en cómo ha estado describiendo su vida hasta ahora. ¿Usa términos como mundano, estresado, miserable o preocupado? Estas palabras negativas pueden convertirse en una profecía autocumplida.

Entonces, como parte de cultivar una nueva mentalidad, comience a usar las palabras que inspiran positividad cuando las dice. Palabras como positivo, optimista, lleno de potencial, amor, alegría, felicidad y éxito. Con el tiempo, estas palabras reflejarán su vida. La mente escucha exactamente lo que dice y cree lo que dice siempre y cuando no dude de si mismo.

Encuentra tu ancla.

Recuerde el momento más feliz de su vida. La memoria debe ser tan poderosa y significativa que cuando cierre los ojos, aún pueda verla como si estuviera allí otra vez. Puede traer una sonrisa a su cara y una oleada de buenos sentimientos positivos. Piense en ese momento hasta el más mínimo detalle, especialmente centrándose en la oleada de sentimientos positivos que le brinda. Un evento con la capacidad de evocar emociones poderosas ayuda a poner a su cerebro en un estado receptivo. Este estado es el mejor momento para comenzar a alimentar su cerebro con la nueva forma de pensar. Recuerde que su subconsciente es un músculo en el que solo ha comenzado a trabajar. Está en proceso de reacondicionamiento. Por lo tanto, aplicar los métodos correctos desde el principio es imperativo.

Ejercicio antes de acostarse

No físicamente, sino mentalmente. Nunca debe ir a la cama infeliz, enojado o miserable. Hacerlo con frecuencia puede ser perjudicial para su subconsciente. En su lugar, aproveche al máximo el período antes de acostarse, para trabajar en la reprogramación de su mente.

A partir de esta noche, inunde su mente con pensamientos, metáforas y afirmaciones felices, edificantes y positivos. El objetivo aquí es ir a la cama con una sonrisa. Debes sentirte optimista, y satisfecho. Debes sentir que la vida es buena y que mañana es un nuevo día con nuevas oportunidades. No puedes esperar para despertarte y ver lo que te traerá el día siguiente. Por eso, procura ir siempre a la cama feliz.

El arte de la visualización.

Visualízese logrando sus objetivos o logrando el éxito en todo lo que hace. Imagine en su mente los buenos resultados en todo lo que busca. Cree una imagen tan vívida que se convierta en algo más cercano a la precognición que a la imaginación.

La visualización es una herramienta empoderadora para motivar que te mantiene en el camino. Es un gran "ejercicio de fortalecimiento muscular" para entrenar el subconsciente. Ver sus metas claramente en el ojo de su mente lo ayudará a mantenerse enfocado en las tareas que llevan a cabo esas metas. Cuando los tiempos son difíciles, las imágenes vívidas de éxito en su cabeza lo impulsarán a esforzarse más, a permanecer firme y determinado.

Aprendiendo a meditar.

Cuando se realiza correctamente, la meditación puede ser un ejercicio calmante y relajante que calma incluso a la mente más agotada. Tomarse un momento para enfocarnos en nosotros mismos y en nuestro subconsciente a través de la meditación es una excelente manera de estar más conscientes de nuestros pensamientos y emociones.

La meditación también permite una mayor conexión entre la mente y el cuerpo. Por lo tanto, tendrá más control sobre cómo responderían y reaccionarían su mente y su cuerpo a las situaciones cotidianas. A veces, después de un calvario particularmente desafiante, es beneficioso dar un paso atrás y reclamar su enfoque.

En última instancia, la meditación ayuda a reprogramar su mente subconsciente para que sea más receptiva a la autodisciplina.

Capítulo 6: ¿Qué tan fuerte es su carácter?.

¿Ha reflexionado sobre el tipo de persona que es hoy? El "usted" que existe en este momento es el resultado de las elecciones y las decisiones que ha tomado, hasta ahora, en su vida. Tal vez usted sea infeliz o insatisfecho con su estado actual en la vida. O bien, siente que no has hecho lo suficiente. La buena noticia es que está a punto de cambiar. Cuando escogió este libro, decidió hacer ese cambio. Ahora es el momento de comenzar a construir ese personaje.

¿Una persona con carácter?

Hay numerosas descripciones positivas que una persona puede tener. Trabajador duro, generoso, compasivo, amable, honesto, sabio, etc. Si tuviera que describirse en una palabra, ¿cuál sería? Más importante aún, ¿es esa palabra positiva o negativa? ¿Puede estar seguro de que, cuando se le pregunte, otras personas también lo describirán de esa manera? ¿Es una descripción con la que le encantaría estar asociado?

Se requiere una tremenda cantidad de fuerza de voluntad al construir el personaje. Se enfrentará a muchos desafíos en el camino. Tendrá la tentación de tomar atajos, rendirse o incluso recortar esquinas solo para terminar algo. Es especialmente tentador cuando el camino que conduce hacia esos objetivos es largo y arduo y parece que no hay un final a la vista. Se pondrá a prueba la fuerza de su autodisciplina. Si los rasgos de su personaje no están donde los quiere, entonces es hora de cambiar para mejor.

Los rasgos de carácter que tendrá que comenzar a construir en este momento incluyen integridad, capacidad de recuperación, persistencia y determinación. Estos rasgos ayudan a contribuir a usted como una persona en general con impresionantes niveles de autodisciplina.

Comience a construir los rasgos de carácter correctos.

Imagine su ser ideal. Visualícelo como si ya hubiera ocurrido, y usted es la persona que quiere ser. ¿Qué valores ve en si mismo? Si se mirara a sí mismo a través de los ojos de otra persona, ¿sería feliz con los rasgos de carácter que ve? Sea claro con respecto a la visión y le ayudará a convertirse en la persona que necesita ser.

Naturalmente, no desea asociarse con los rasgos de carácter que muestran una autodisciplina deficiente. Lo perezoso, improductivo y sin éxito son rasgos que no tienen cabida en la nueva versión autodisciplinada de usted mismo. Si estas cualidades se han asociado con usted en el pasado, es hora de tirarlas en el contenedor al que pertenecen. Estar determinado a nunca estar asociado con tales palabras descriptivas nunca más. En su lugar, redirigir sus esfuerzos hacia la construcción del tipo de rasgos de carácter que están asociados con una persona autodisciplinada. Esto se puede hacer usando dos métodos: estudio y práctica.

Estudiar.

Elija un modelo digno que muestre todas las cualidades de autodisciplina que aspira a tener y estudie lo más cerca posible. Puede ser un amigo o una personalidad famosa. Según el libro más vendido de Rhonda Byrne, El Secreto, en lo que enfocas tu atención eventualmente se manifestará a través de la ley de atracción. Esto es lo que hay que hacer. Aprenda sobre ellos, lea / escuche sus historias, memorice sus citas, vea lo que los motiva, vea sus entrevistas o documentales. Tome nota de lo que valoran y conviértalo en su nuevo punto focal. Si estás siguiendo una personalidad pública, devora cualquier pieza de información. Este descubrimiento te ayudará en tu propio camino hacia el éxito. Extraiga inspiración de sus historias y dígase a sí mismo si podría hacerlo, entonces nada puede impedirle hacer lo mismo.

Práctica.

Una vez que haya estudiado lo suficiente su modelo a seguir, es hora de practicar lo que predican. Estudiar solo no es suficiente, tiene que comenzar a vivir la vida como lo hacen los modelos a seguir lo mejor que pueda. Querer solo emularlos no es suficiente, es necesario tomar medidas para que esto suceda. No, su objetivo es no convertirse en ellos. Más bien, aplique personalmente sus valores en cada oportunidad y demuestre los rasgos de carácter que tienen a diario. Hagalo con la frecuencia suficiente hasta que se convierta en una parte genuina de usted, algo que no necesites forzar. Eventualmente, se convertirá en una segunda naturaleza. Entonces, todo lo que queda es ver cómo su personaje mejora dramáticamente.

¿Necesita un impulso?.

Emplear diferentes estrategias será útil para acercarse a sus metas. Ya está muy claro que la autodisciplina es un paso importante en este proceso general. A medida que construya su yo ideal con los mejores rasgos de carácter (y, en última instancia, la autodisciplina), las siguientes estrategias útiles le darán un impulso muy necesario:

Gestione sus expectativas.

No espere grandes cambios durante la noche. Anticiparse al cambio rápido no es realista. Entrar en él esperando milagro solo lo desanimará y decepcionará. Construir el carácter tomará tiempo y sucederá gradualmente a medida que cultive una mejor versión de si mismo. Necesita ejercitar paciencia y persistencia en esta etapa. Esencialmente, comenzará desde la parte inferior mientras construye una base sólida para el nuevo yo. Puede que no sea donde quiere estar, pero es donde necesita comenzar. Ninguna casa puede permanecer sin una base sólida.

Escribir rasgos.

Verá muchas instrucciones de "escritura" a lo largo de este libro y este no es un error tipográfico. Escribir puede ser una herramienta poderosa. El poder de la palabra escrita a menudo se subestima, su importancia se pasa por alto. Aunque escribir cosas puede parecer innecesario, puede hacer maravillas para su estado mental y cuando se trata de cambiar su perspectiva. Los seres humanos son criaturas muy visuales. Cuando podemos ver, leer y escuchar ideas, se vuelven reales y vivas, y son más que un producto de nuestra imaginación. Cuando está allí ante usted, se vuelve imposible ignorarlo.

No hay lugar para excusas.

Las excusas no tienen lugar en la nueva versión de su yo ideal. Las excusas solo sirven como un obstáculo, y seguirán reteniéndole si continúa permitiéndolo. Como persona autodisciplinada, todas las excusas deben ser arrojadas por la puerta. Ya no queda espacio en su vida para ellos. Si no sirven para nada y no le benefician de ninguna manera, es hora de perderlos para siempre. Recuerde, las personas exitosas no tienen excusas. Ellos, en cambio, encuentran maneras de hacer las cosas. Deje de estar asociado a las excusas de una vez por todas.

Encontrar un mentor.

Además de un modelo digno, también puede beneficiarse de tener un mentor. Un mentor puede ser cualquier persona cercana a usted. Puede ser un amigo, un miembro de la familia o un colega. Si comparten y están aplicando con éxito, los mismos rasgos de carácter y autodisciplina que usted apunta, pueden ser de gran ayuda con sus objetivos. Un mentor puede ser una gran fuente de orientación y aprendizaje. Cuando se sienta agotado o en la cúspide de rendirse, puede buscar ayuda. Su ejemplo también fortalecerá su resolución .Si ellos pueden hacerlo, usted también puede.

Abrazando la autodisciplina de todo corazón.

Todas las estrategias y consejos mencionados anteriormente no funcionarán si no ha aceptado completamente su deseo de ser una persona autodisciplinada. Cuando surge la duda y olvida por qué quería ser una persona autodisciplinada en primer lugar, lograr este objetivo se volverá aún más difícil. En momentos como estos, necesita recordar sus objetivos. Siga recordándolos hasta que haya logrado su objetivo.

Este cambio debe comenzar desde dentro. Es uno de los mayores cambios de personaje que necesita hacer. Una transformación, por dentro y por fuera. Un refinamiento superficial de su personaje traerá poco o ningún beneficio. Una vez que adopte esta cualidad fundamental, será más fácil hacer los cambios necesarios.

Capítulo 7: ¡Es hora de establecer metas!.

Ya hemos establecido la importancia del establecimiento de objetivos en el proceso de convertirse en un individuo más autodisciplinado. Por lo tanto, ahora podemos trabajar en establecer esos objetivos para mejorar la productividad y aumentar sus posibilidades de éxito.

La productividad y la autodisciplina son dos cualidades que trabajan en armonía, y lo ayudan a ser una mejor versión de usted mismo. No puede tener uno sin el otro. La autodisciplina lo mantiene productivo, mientras que la productividad mejora y redefine la autodisciplina.

Los beneficios de la productividad y la autodisciplina.

Aquí es cómo estos dos rasgos le van a hacer mucho bien y le darán una idea más firme de por qué la productividad es un rasgo tan importante:

Motiva la acción adicional.

Decidir convertirse en una persona autodisciplinada es una motivación lo suficientemente fuerte como para ser más productivo. Usted querrá trabajar mucho más duro y hacer un esfuerzo adicional.

No más tiempo perdido.

La dilación es el enemigo del éxito y aquellos sin autodisciplina a menudo pierden un tiempo precioso que podría haberse gastado en mejorar su situación o en ser más productivos.

Da resultados.

Es una sensación maravillosa ver cómo se hacen realidad sus trabajos y esfuerzos. Una persona productiva casi siempre logrará lo que se ha propuesto hacer. Además, a menudo ven las recompensas de su arduo trabajo porque hacen lo que hay que hacer para obtener resultados.

Un impulso a la carrera.

Ninguna organización en el mundo querría contratar a un empleado que no esté comprometido a trabajar arduamente y que se considere improductivo. Las empresas solo quieren personas que estén comprometidas con el éxito, que estén dispuestas a hacer lo que sea necesario para el éxito del negocio, y que se considere un activo en lugar de un pasivo. Si carece de productividad y autodisciplina, su desempeño en el trabajo comenzará a sufrir un desenso lenta pero seguramente.

Esencialmente, cuando tiene la autodisciplina y la productividad de su lado, se lo verá como un activo valioso sin importar a dónde vaya.

Estableciendo sus metas.

El establecimiento exitoso de metas debe realizarse en 3 etapas: diaria, semanal y mensual. El período de tiempo más corto le permitirá evaluar y reflejar si los pasos y medidas que está tomando actualmente lo están guiando en la dirección correcta. Las metas más pequeñas con líneas de tiempo hacen metas más grandes. Esos objetivos a corto plazo son a menudo los pequeños empujones que se suman y lo empujan a alcanzar sus objetivos a largo plazo. En todo caso, los objetivos a corto plazo le impiden "establecer y olvidar" sus objetivos principales.

Fase 1: Equipándose.

No se preocupe. No gastará mucho dinero. Para establecer objetivos de manera efectiva, solo tendrá que equiparse con cinco tipos de herramientas: bolígrafos, papel, marcadores de colores, notas adhesivas y un tablero de visión.

En su tablero de visión, describa la vida ideal que se ve viviendo. Junto a él, enumera los objetivos que quiere alcanzar. Agrega un par de citas motivacionales para ayudarle a ponerse en marcha. No olvide incluir su misión (que hemos analizado en el Capítulo 4). Su tablero de visión servirá como el "panorama general" de todo lo que espera lograr. Servirá como el combustible para su fuego. Una vez que haya terminado su tabla de visión, estará listo para pasar a la siguiente fase.

Fase 2: Establecer metas diarias, semanales y mensuales.

Los objetivos que se proponga deben ser lo más personales posible. Estas deben ser las cosas a las que apunta, no lo que otra persona espera de usted. Las metas personalizadas lo mantienen entusiasta y motivado. El deseo de alcanzar estos objetivos es lo que lo mantendrá decidido a apegarse a ellos sin importar lo que pase.

Naturalmente, debe comenzar con las metas diarias primero, antes de llegar a las metas semanales y luego mensuales. Las metas diarias lo mantienen en el camino correcto y en la dirección correcta para lograr las metas semanales, que a su vez lo ayudan a alcanzar sus metas mensuales. Los objetivos semanales y mensuales lo ayudarán a mantenerse comprometido en el camino y también pueden servir como oportunidades para objetivos adicionales.

Para comenzar a construir metas diarias, semanales y mensuales efectivas, esto es lo que debe hacer:

- Comience con un objetivo diario básico: establecer una rutina matutina. Convierta este hábito en un hábito al que pueda atenerse y que lo mantendrá organizado y eficiente tan pronto como se levante por la mañana. Una rutina de la mañana puede ser tan simple como hacer su cama cada mañana sin falta. Recuerde, aprender a comprometerse con las rutinas más básicas o más simples hará que comprometerse con rutinas más grandes y complicadas sea más fácil. Es una gran práctica para niveles básicos de autodisciplina.

- <u>Establezca una rutina matutina para el trabajo también</u>, donde normalmente pasaría la mayor parte de su tiempo, al lado de su casa. Sus rutinas en el trabajo pueden incluir ejercicios que lo ayuden a construir y desarrollar la autodisciplina. Puede ser tan simple como adoptar una mentalidad más disciplinada y productiva, incluso con las tareas más pequeñas. Trate de apegarse a estas rutinas todos los días. Otra rutina de la mañana en el trabajo puede incluir encender la computadora, preparar una taza de café, luego crear una lista de tareas de lo que debe hacerse en el día y luego responder a los correos electrónicos antes de saltar a las tareas que requieren su atención urgente.

- <u>Una meta semanal podría ser hacer un balance de su progreso y entorno al final de cada semana.</u> ¿Te ayudó tu entorno a inspirarte para lograr tu objetivo para esta semana? ¿O serían necesarios algunos cambios? Reflexione críticamente sobre su entorno y tome nota de los cambios que deben realizarse. Recuerde escribirlos para que no se arriesgue a olvidarse de ellos más tarde.

- Una meta semanal también podría ser hacer que el domingo sea su día libre. Este día es cuando se cuida y se recupera de una semana de arduo trabajo. Tal vez, incluso puede ser un momento para ponerse al día con amigos y familiares. Eso en sí mismo es un objetivo también, especialmente si ha sido culpable de descuidar lo mismo en el pasado. Es importante mantener el equilibrio incluso si está trabajando para alcanzar sus metas, ya que cuando se siente feliz y satisfecho, el deseo de seguir adelante es mucho más fuerte.
- Una meta mensual en el trabajo podría ser que usted organice su espacio de trabajo. Se puede poner en orden después de reflexionar sobre el desempeño de sus objetivos de trabajo diarios y semanales, y luego determinar si es necesario mejorar su entorno para aumentar aún más la productividad.

Estrategias para ayudarlo a alcanzar las metas que estableció.

Nuestras diferentes prioridades en la vida significarán que los objetivos variarán de persona a persona. Así, se ha mencionado que los buenos objetivos deben ser personalizados. Sin embargo, las estrategias que uno puede utilizar son a menudo muy similares. Las siguientes estrategias pueden ayudarlo a lograr mejor los objetivos que usted establece:

No hagas demasiado en tan corto tiempo.

La clave es dar pasos pequeños, estableciendo metas más pequeñas y alcanzables que lo mantendrán motivado. Establecer y alcanzar los mini objetivos es una de las mejores estrategias que puede emplear. Cada vez que logre romper un objetivo, seguramente tendrá el deseo de hacer aún más porque quiere sentir esa oleada de emociones positivas nuevamente.

Un gol cada día.

Incluso un objetivo al día será beneficioso. Lo que está tratando de hacer aquí es hacer que el establecimiento de metas y el logro sean un hábito constante. Asegúrese de lograr al menos una cosa cada día, especialmente durante los primeros 30 días. Este período de tiempo es crucial para desarrollar un hábito. Una vez que finalice el período inicial de 30 días, esta nueva rutina se sentirá mucho más natural.

Ser Flexible

No sea demasiado rígido con sus metas. Aprenda a adaptarse y cambiar con las bolas curvas que se lanzan en su camino. De lo contrario, terminará frustrado y estresado. Recuerde, nadie puede planear perfectamente todo y cualquier cosa. La belleza de la vida es que está llena de giros inesperados, y en ocasiones esas curvas pueden llevar a cosas aún mejores que de otra manera no tendríamos la oportunidad de encontrar. Estos momentos a menudo se llaman bendiciones disfrazadas.

Capítulo 8: Ser valiente.

No sea demasiado duro con usted mismo si teme el cambio y la incertidumbre. Estos sentimientos son completamente normales. Cada persona tendrá miedo de algo en algún momento de sus vidas. Incluso sus modelos a seguir y sus mentores mostraron temor en un momento u otro a medida que trabajaban para alcanzar sus propios éxitos. Temer lo desconocido es lo que nos hace humanos. Entonces, si todos tienen miedo, ¿cómo algunas personas lograron tener éxito a pesar de todo?

<u>Tenían autodisciplina.</u>

Es posible que hayan tenido miedo, pero debido a la autodisciplina, perseveraron y siguieron adelante, independientemente de las consecuencias aparentemente aterradoras. Las personas exitosas no dejan que el miedo a lo desconocido los detenga, a pesar de la tentación de lo contrario. Han cultivado suficiente autodisciplina en sí mismos para mantenerse soldados, enfrentar los desafíos y enfrentarlos de frente a pesar del miedo. Ahí es donde radica la diferencia. No hay un gran secreto, no hay una fórmula mágica oculta. Es solo autodisciplina y puro deseo.

Cada persona tiene la capacidad de valor dentro de ellos y lo que debe hacer es aprender a apoyarse en ese valor cuando más lo necesita. Sus modelos y mentores pudieron hacerlo. Tu también puedes. Solo necesita creerlo.

Detectando el miedo.

¿Es posible deshacerse del miedo? Si, ciertamente lo es. Los miedos son conceptos que hemos aprendido y si puedes aprender algo, ciertamente puedes olvidarlo. Nadie nace con miedo infundido en su personalidad. Observar a los niños jugando en un parque infantil. Están escalando, saltando, corriendo y saltando de las plataformas, independientemente de si hay alguien que los atrape en la parte inferior o su distancia del suelo. No tienen miedo porque aún no han aprendido completamente el concepto de miedo para entender lo que significa. Para tener éxito, necesitará ser un niño en el patio de recreo.

El miedo es una emoción poderosa, tan poderosa que puede aplastar toda esperanza de éxito en un solo instante. En el momento en que deja que el miedo se siente en el asiento del conductor, ya está perdiendo. El miedo puede ser tan paralizante que ni siquiera querrá intentarlo. Algunos de los temores comunes que probablemente experimente en el camino hacia el éxito son el miedo al fracaso, la pérdida financiera, el ridículo, el rechazo, la vergüenza y las circunstancias imprevistas, por decir lo menos.

¿Cómo puedes determinar si el miedo ya te ha dominado? El minuto en que responda con " No puedo" indicará que ya no tiene el control. Ha permitido que el miedo lo detenga incluso antes de haber comenzado. El miedo puede ser tan fuerte que se manifiesta físicamente, a través de la sudoración nerviosa, los corazones palpitantes, la dificultad para respirar, las gargantas secas, la ansiedad y más.

Superar el miedo.

¿Cómo supera el miedo? Luchando contra su instinto de huir y haciendo exactamente lo contrario: manténgase firme. Enfréntese a sus miedos, aunque cada fibra de su ser le esté diciendo que gire y corra o que tome el camino más fácil.

Falsificarlo hasta que lo haga es un término popular y un mantra para muchos que saben lo que significa. Tiene que creer que puede e imaginar que ya ha superado su miedo (fingir) hasta que realmente sucede (hacerlo). Puede lograr esta hazaña a través de la visualización y las afirmaciones. Visualícese superando su miedo, viéndose salir por el otro lado victoreando y triunfante porque lo supero.

El segundo paso es utilizar afirmaciones y hacerlas más fuertes que su deseo de dar marcha atrás y huir. Afirmaciones como YO PUEDO y YO VOY A HACERLO son dos frases poderosas que debe repetir con entusiasmo cuando sienta que el miedo se introduce en su mente y amenaza con una toma de posesión. Digalo con convicción. Use estas afirmaciones en sus ejercicios de visualización. Repitalo una y otra vez hasta que crea que tiene la fuerza y el coraje suficientes para seguir adelante.

Abordar tantos miedos como sea posible.

Según los psicólogos, algunos temores que un individuo posee se agrupan en grupos. Por lo tanto, a veces el miedo no tiene que ser superado uno por uno, pero esencialmente puede matar dos (o más) aves con una piedra y vencer múltiples temores. Por ejemplo, el miedo a la burla de un individuo se agruparía junto con su miedo al rechazo. Tiene miedo de que la gente se burle de sus ideas y lo rechace por ello. Cuando trabaja para superar su miedo al ridículo, lo más probable es que tampoco tenga miedo de ser rechazado. ¿Ve cómo funciona?

Otro beneficio de la autodisciplina es la gestión y la superación de los temores. Piensa en el escenario del niño intrépido en el patio de recreo. Una vez fué como ese niño. El niño está feliz con cada logro. Él o ella no dejaron que el miedo los contuviera. Incluso si un obstáculo parecía demasiado duro, el niño todavía se movía hacia él de todos modos. Reconozca sus miedos, trabaje para resolverlos, enfréntelos de frente y el coraje llegará rápidamente.

Huir ya no es una opción, no hay vuelta atrás. Cuanto más trabaje en la construcción de su autodisciplina, más fácil será. Hacer una lista de sus miedos, desde el más pequeño hasta el más grande, lo ayudará aún más en este viaje.

Escriba los temores que actualmente le impiden tomar medidas proactivas hacia sus metas. Después, trabaje para superar el miedo más pequeño y avance lentamente hacia lo que más teme. Trabajar de forma metódica, eliminando cada miedo a medida que los supere, aumentará la confianza y la creencia de que se puede lograr. Por lo general, cuando haya superado sus miedos, se dará cuenta de que no fueron tan malos como creemos que son.

Absolutamente tiene dentro de usted todo lo necesario para conquistar el miedo. La autodisciplina puede ser su plataforma de lanzamiento para que el coraje pueda darle el impulso que necesita. No tiene que salir corriendo a toda máquina. Comenzar con pasos pequeños es todo lo que se necesita para hacer los cambios más grandes. Incluso las pequeñas piedras pueden hacer ondulaciones gigantes.

Pensamientos finales.

Primero debe reconocer un problema antes de poder solucionarlo. La identificación precisa de sus miedos le ayudará en gran medida a superar esta parte difícil del viaje para convertirse en una persona más autodisciplina. Una vez que haya identificado cada temor, su próximo paso es decidir qué pasos de acción le ayudarán a superar ese miedo con éxito. Recuerde, cada miedo puede ser superado. Es solo porque hemos acumulado ese miedo tan intensamente en nuestra mente que parece más imposible de lo que realmente es.

Cada vez que le resulte demasiado difícil dar el siguiente paso, volver a su lista, ver los pasos de acción, respirar profundamente y decir " está bien, ¡entiendo esto!" .Una vez que enfrentamos lo que parecía ser aterrador al principio y los superamos, a menudo encontramos que no eran tan malos como pensábamos inicialmente. La mente tiene una forma de hacer que la situación parezca peor de lo que es. La mente sobre la materia, es la forma cómo ganará en esta parte desafiante de su viaje.

Capítulo 9: La persistencia es la clave para la autodisciplina.

El deseo de una personalidad más autodisciplinada no será suficiente a menos que usted persista y esté dispuesto a mantener ese impulso. La persistencia es otro rasgo importante que necesitará para construir un personaje fuerte. Su propio éxito dependerá de su capacidad para persistir incluso cuando las probabilidades no estén a su favor. Los contratiempos ocurrirán, las llaves serán lanzadas en su plan. Debe persistir frente a todos ellos. Ese es el epítome de lo que se trata la autodisciplina.

La autodisciplina y la autoestima son los mejores amigos.

La autodisciplina y la autoestima son dos rasgos interconectados. En el capítulo anterior, hablamos sobre los temores en relación con la autodisciplina. La autoestima es parte de esa ecuación y también está muy afectada por el miedo. Cada vez que dejes que el miedo lo conquiste, su autoestima estará entre los que sufren. Sin embargo, lo contrario también es cierto. Cuando utiliza la autodisciplina y la persistencia, a pesar de cualquier vacilación de su parte, para lograr lo que se necesita hacer, su autoestima recibirá un impulso muy necesario .También tendrá más confianza en si mismo.

Cada logro que logre con la autodisciplina mejorará más su autoestima y alimentará el deseo de seguir y seguir y seguir. Antes de que se de cuenta, estará en una buena racha y se habrá convertido en una fuerza imparable.

La persistencia puede ser una cualidad sorprendentemente gratificante. Cuando logra una tarea (junto con la fuerza de voluntad), el resultado lo hará sentir mucho más feliz y mejor consigo mismo. Como parte de este efecto dominó, esos sentimientos lo llevarán a querer hacer más para ver hasta dónde puede llegar si solo persiste en una tarea. Incluso si tuviera que tener un montón de autodisciplina, si no persiste, el éxito que pueda estar a su alcance podría terminar deslizándose más lejos de su alcance.

¿Por qué es la persistencia una cualidad tan importante de poseer cuando se convierte en una persona más autodisciplinada ?Este es el por qué:

- La persistencia es uno de los primeros signos de que se está transformando en una persona más ambiciosa. Establecer todas las metas y planes de acción en el mundo no será suficiente si va a darse por vencido y no perseverará cada vez que sea golpeado en la parte inferior. Si realmente quiere convertirse en una persona exitosa, la ambición y el impulso serán las palancas que te ayudarán a llegar a la cima.

- Hace que las victorias sean mucho más valiosas. Si el éxito siempre fuera fácil, nunca aprenderíamos a apreciarlo. Ser una persona persistente le permitirá apreciar cada logro y hacer que cada victoria tenga un sabor un poco más dulce porque sabe que ha puesto su corazón, alma, sangre, sudor y lágrimas para que esto suceda.
- Es bueno para la formación del carácter porque la persistencia es una prueba viviente de que lo tienes dentro de ti para lograr un objetivo. Cada vez que superas un período difícil, emergerás mucho más fuerte y mejor.
- Lo pone a tono con respecto a sus debilidades y temores. Parte de lograr el éxito es poder identificarlos. Cuando persiste en una debilidad y la supera, comenzará a buscar automáticamente la siguiente debilidad con la que puedas trabajar.

La persistencia como parte de su carácter.

Estar preparado para el éxito en la vida dependerá en parte de su respuesta a los contratiempos. Los reveses pueden frustrar nuestras emociones con sentimientos de desaliento. Terminamos confundidos en cuanto a por qué ha sucedido a pesar de todo el esfuerzo que ha realizado. Estas fallas aparentemente pequeñas pueden incluso empujarnos a rendirnos.

Los reveses le dan la oportunidad perfecta para enfrentar el desafío, para juntar la persistencia y la autodisciplina. Recordará que lo que importa no es cuán difícil o cuántas veces se caiga. Lo que realmente cuenta es tu capacidad para volver a levantarse y quitarse el polvo. Sacuda la frustración. Constrúyase y crea que puede superar esta prueba. Tenga en cuenta los siguientes puntos clave:

Clave # 1: Ser optimista-

Tener una perspectiva optimista es la primera y más importante clave para desarrollar la persistencia. Es la creencia inquebrantable de que pase lo que pase, las cosas se resolverán al final. Puede desarrollar optimismo construyendo y también mejorando su confianza en sí mismo. Las personas persistentes y disciplinadas no solo se sientan sin hacer nada, sintiendo lástima por sí mismas cuando surgen desafíos.

Mira a tus modelos a seguir y tus mentores. No estarían donde están hoy si hubieran permitido reveses y dificultades para detenerlos y los desafíos seguramente han sido muchos. Sin embargo, siguen siendo optimistas.

Clave # 2: No hay lugar para las excusas.

Señalar con los dedos y culpar a la mano con la que lo han tratado no es una actitud ganadora. La falta de responsabilidad solo alimentará ese ciclo de negatividad de sentir lástima por si mismo. El resultado suele ser una disminución de la fuerza de voluntad y, eventualmente, ceder a una tarea aparentemente difícil.

Clave # 3: Enfoque en la solución

La clave para ganar en la persistencia es enfocarse en la solución, no en el problema. Tiene que darse cuenta de que los contratiempos, por difíciles que sean, son en última instancia temporales. Por lo tanto, siempre tienen la solución como una prioridad.

Cada vez que enfrente un contratiempo inesperado, entrene su mente de tal manera que su primer impulso sea pensar y concentrarse en resolver el problema actual. Mantenerse enfocado en una solución le dará la determinación de persistir y continuar hasta que se resuelva el contratiempo. Use la autodisciplina como un trampolín para esa persistencia para que nada lo detenga.

Clave # 4: Identificar las áreas problemáticas.

Es importante que encuentre las áreas de su vida donde la persistencia será más útil. Estas áreas serán muy probablemente donde el miedo lo está frenando. Identifique las áreas específicas y escríbalas para que pueda reflejarlas mejor. Pregúntese por qué ha faltado la persistencia en esta área antes. ¿Qué puedes hacer diferente esta vez? Cree un plan de acción que sea detallado y preciso.

Una vez que haya determinado las áreas de su vida donde se necesita persistencia, deberá volver a la Clave n.°3: encontrar una solución o soluciones, y enfocar su persistencia y fuerza de voluntad en lo que ha encontrado. Con la autodisciplina, también puede salir victorioso sobre estas áreas problemáticas y fortalecer así su persistencia.

Clave # 5 Piense en los contratiempos como regalos.

Considerar un contratiempo como un regalo en lugar de una maldición puede ser lo último en su mente. Sin embargo, este método realmente funciona. Si piensa en los desafíos y contratiempos pasados que enfrentó y que logró superar eventualmente de todos modos, en lugar de mirar el lado negativo, considere las lecciones extraordinarias que cada contratiempo le dejó. ¿Lo hizo una persona mucho más fuerte? ¿Resultó ser una bendición disfrazada? ¿Agregó algo de valor a su vida de una manera que de otra manera no hubiera tenido la oportunidad de experimentar? Si puede entrenarse para ver cada contratiempo como un regalo en lugar de un elemento desmotivador, hará maravillas para transformar su persistencia y niveles de autodisciplina.

Capítulo 10: Gestión del tiempo: una habilidad crucial.

El tiempo es quizás uno de los activos más valiosos que podríamos poseer. Es crucial que empiece a aprovechar al máximo su tiempo desde este mismo momento y no desperdicie ni un segundo más. Si no comienza a hacer el esfuerzo ahora, terminará prolongando su desarrollo de autodisciplina y, quizás, también prolongará el éxito y su realización.

El tiempo es su propio maestro, y si bien es posible que no puedas administrarlo o controlarlo, ciertamente puede controlar lo que hace con su propio tiempo. La administración del tiempo es una de las habilidades más importantes que puede dominar, y es en esta área donde la autodisciplina es la más importante y la más necesaria. La autodisciplina lo ayuda a cultivar esta excelente calidad y, una vez desarrollado, la administración del tiempo lo ayudará a desarrollar todas las demás cualidades importantes que hemos analizado, incluida la autodisciplina mejorada y refinada.

Aproveche al máximo el tiempo

¿Cómo empiezo a aprovechar al máximo mi tiempo? La respuesta es simple, pero no necesariamente fácil: eligiendo pasar el tiempo de manera diferente. Anteriormente, debido a la falta de autodisciplina, podría haber perdido mucho tiempo en cosas de poca importancia con poco o ningún beneficio a largo plazo. Es posible que haya logrado muy poco debido a la dilación y las excusas. Tendrá que hacer un cambio completo y comenzar a pasar el tiempo con prudencia.

Anteriormente en este libro, hablamos sobre cómo, a veces, sentimos que tenemos todo el tiempo del mundo, lo que puede convertirse en una excusa para postergar. En realidad, no se dará cuenta de cuánto tiempo está perdiendo hasta que, de repente, se despierte un día y sienta una profunda sensación de arrepentimiento. Se dará cuenta de cuánta vida le ha pasado.

Si el escenario anterior es un resultado que querría evitar por el resto de su vida, necesita comenzar a ejercer autodisciplina y determinación ahora. Aprenda y elija gestionar su vida. ¿Todos esos planes de acción y pasos que escribimos antes? Es hora de sacarlos de nuevo. Asigne la cantidad de tiempo que va a dedicar a cada tarea y las prioridades que deben abordarse primero. Además, comience a establecer horarios en función de las metas para cada actividad vital que necesite desarrollar. Por lo tanto, establecerá una base firme para la autodisciplina.

La tentación de seguir postergando tareas con las que preferiría no lidiar puede ser increíblemente fuerte. Superar las excusas, la dilación y la pereza será uno de los mayores desafíos que enfrentará en esta parte de su proceso. Estas cualidades negativas son muy similares a las malas hierbas dañinas que se arrastran en los jardines. Cuando un jardín está lleno de maleza, sus plantas se drenarán de comida y agua. Por lo tanto, es imperativo que elimine estas cualidades similares a las malas hierbas para que finalmente no obstaculicen el crecimiento de la autodisciplina. De lo contrario, seguirá poniendo excusas y nunca llegarás a ninguna parte ni logrará nada, incluso con todos los pasos de acción que hayas preparado.

Tenga en cuenta que la autodisciplina no será suficiente para mantenerlo en el buen camino con la gestión inteligente de su tiempo. Tendrá que utilizar las siguientes estrategias también:

Determinar el valor.

Muchas personas terminan cayendo en la trampa de perder el tiempo en tareas que no agregarán ningún valor a su vida o los acercarán más hacia el logro de sus objetivos. Por lo tanto, con todo lo que emprenda de aquí en adelante, debe hacerse estas preguntas: "¿Qué valor agregará esta tarea en particular a mi vida y cómo me beneficiará? ¿Está en línea con lo que quiero lograr? ¿Vale la pena invertir X cantidad de tiempo?

Todas sus actividades deben ser de valor. Cuando determine que las tareas en las que elige dedicar tiempo valen la pena, evitará perder tiempo y esfuerzo en las cosas equivocadas.

Estableciendo prioridades.

Las personas tienen diferentes necesidades, y deseos. Lo que diferencia a las personas exitosas es que tienen sus prioridades en orden. Dirigen su enfoque y atención hacia el fomento de esas prioridades hasta que lleguen a buen término.

Establecer las prioridades correctas es crucial. Puede ser fácil sentirse abrumado por todas las tareas que necesita realizar. Cuando está abrumado, a menudo termina frustrado, estresado y agotado. Se vuelve difícil incluso pensar con claridad. Cualquier impulso productivo que pueda haber tenido disminuirá rápidamente. Las prioridades claras y específicas le darán una mejor claridad sobre qué debe abordarse primero y, idealmente, pueden ayudarlo a determinar qué tareas serán las más beneficiosas para usted.

Multitarea equilibrada.

La multitarea, al menos la multitarea productiva, a menudo se glorifica y se etiqueta como un talento raro. Aunque no hay nada intrínsecamente malo en esta práctica, no es raro que haga más daño que bien. Trabajar en demasiadas cosas a la vez puede confundir su enfoque y confundir las prioridades. Como se mencionó en la sección anterior, usted podría sentirse abrumado fácilmente. Las personas a menudo terminan mordiendo más de lo que pueden masticar. En este caso, se debe evitar la multitarea.

Muchas personas, si no la mayoría, trabajan mejor, más rápido y de manera más productiva, cuando tienen una sola tarea en la que concentrarse por completo.

En última instancia, la elección de la multitarea dependerá de su preferencia y de cómo trabaje con ella. Puede tener sus ventajas, pero si solo dividirá su enfoque y resultará en que usted no pueda dar su 100% en cualquier cosa que emprenda, entonces es prudente omitirlo.

Una vez más, puede ser tentador asumir cada tarea que se le presente. Sin embargo, la autodisciplina lo ayudará a darse cuenta de cuánto puede administrar sin afectar la productividad, así como a moderar la confianza excesiva.

Pateando fuera el hábito.

Solo porque no se puede decir lo suficiente: es primordial que te deshagas de la dilación. Con cada tentación de posponer algo, deténgase y piense por un minuto. Pregúntese si demorar es la manera correcta y sabia de pasar su tiempo. Una autodisciplina fuerte es un rasgo tan importante que se debe a que, sin ella, puede volverse muy fácil caer por el camino y encontrar continuamente razones por las cuales no puedes hacer las cosas. Siempre pregúntese si está gastando su tiempo de la mejor manera posible antes de decidir un curso de acción.

Entender las consecuencias.

Por cada acción, hay una consecuencia. Este adagio es especialmente cierto con la gestión del tiempo. Cada vez que pospongas y dejas una tarea, tendrá consecuencias. A menudo, terminará quedándose atrás, puede que pierda una oportunidad, puede verse abrumado por más tareas más adelante y le será aún más difícil administrar el tiempo. Estos ejemplos son solo algunas de las consecuencias a las que podría enfrentarse debido a un simple error: hacer mañana lo que podría hacer hoy.

No siempre será una pequeña bofetada en la muñeca. Algunas consecuencias serán más graves y tendrán efectos de largo alcance. Cuando esté tentado a demorar una tarea, particularmente aquellas que pueden resultar beneficiosas en el futuro, piense en las posibles consecuencias, grandes y pequeñas.

Pensamientos finales.

La autodisciplina y una mejor gestión del tiempo comienzan ahora. Practíquelos inmediatamente; no mañana, no la semana que viene, ni el mes que viene. Haga que cada tarea cuente haciendo que cada minuto cuente. Saque lo que pueda con el tiempo que tenga. Recuerde, determine el valor de una tarea, establezca prioridades, céntrese en la tarea en cuestión, evite las demoras y tenga en cuenta las consecuencias de prácticas improductivas o decisiones imprudentes. Aunque es posible que nunca controle el tiempo, la aplicación de estos principios evitará que el tiempo lo controle.

Capítulo 11: Cambia tu vida cambiando tus hábitos.

El proceso y el largo viaje hacia una disciplina más disciplinada requieren cambiar varios aspectos de su vida, como ya lo hemos discutido. Otro factor vital que contribuirá a este objetivo es construir hábitos saludables y productivos. Estos hábitos no solo mejorarán la calidad de su vida y su trabajo , sino que también lo ayudarán a alcanzar su máximo potencial.

La autodisciplina debe ser parte de todos los aspectos de su vida, no solo una herramienta que debe activarse cuando tiene un objetivo que alcanzar. Debe ser un rasgo que usted tiene como comer, dormir, vivir y respirar todos los días.

La construcción de hábitos saludables y productivos es otro elemento vital para una vida diferente y exitosa. ¿Por qué sus hábitos necesitan cambiar o mejorar una visión de la autodisciplina? Cada decisión y acción que tome lo afectará mental y físicamente. Sin embargo, la autodisciplina puede verse afectada por hábitos dañinos e improductivos y, eventualmente, lo arrastrará hacia abajo.

Comience a crear hábitos saludables y productivos ahora mismo.

Para cambiar su vida para mejor, todo lo que necesita es irradiar positividad. Desde el momento en que se levanta cada mañana, necesita llenarse activamente y alimentar su día con buenos hábitos que lo refrescarán y motivarán a hacer un esfuerzo adicional cada día y sentirse bien al respecto.

Arreglando el despertar y la rutina de sueño.

Debes aspirar a dormir 7-8 horas cada noche. La mejor manera de hacer que su cuerpo comience con un régimen saludable es tener un horario fijo de vigilia y sueño. Decida cuándo despertarse y cuándo dormir. Asegúrese de que su ventanade tiempo para dormir sea suficiente para que su cuerpo funcione mejor.

Los beneficios para la salud de una rutina diaria fija de vigilia y sueño pueden aportar numerosos beneficios para la salud y es un excelente ejercicio de autodisciplina. No es fácil obligarse a usted mismo a seguir una rutina, especialmente si es una rutina novedosa.

Comidas regulares.

No escatime, morir de hambre o atracones. Estas prácticas no son hábitos productivos porque ponen a su cuerpo a través de altibajos emocionales y físicos que a menudo provocan que choque y se quite prematuramente.

Alimente su cuerpo de manera saludable con las comidas regulares. Su dieta debe incluir opciones de los grupos de alimentos nutricionales requeridos y recomendados para ayudar a mantener el cuerpo y la mente funcionando en condiciones óptimas. Evite las dietas de moda o extremas ya que casi siempre nunca funcionan. No hay atajo para bajar de peso. Se necesita una dieta equilibrada, ejercicio regular y consistencia de ambos.

Las dietas extremas solo sirven para privar a su cuerpo de la nutrición que necesita. En consecuencia, será un paso atrás en lugar de hacerlo avanzar. Las dietas estrictas son especialmente un camino seguro hacia el fracaso, y las emociones que experimenta a partir de ese fracaso no ayudarán en absoluto a sus metas de autodisciplina. Si actualmente está siguiendo una dieta poco saludable, es hora de dejarla y perder peso de una manera mejor y más saludable.

Ejercicio regular.

Como se mencionó, hacer ejercicio regularmente es una excelente manera de mantener su cuerpo en forma, saludable y fuerte. Incluso un régimen de 30 minutos, si se realiza diariamente, puede tener numerosos beneficios. Confiar solo en las dietas de moda para obtener los resultados que desea solo sirve como una solución temporal.

Su ejercicio puede incluir desde caminar, correr, entrenamiento en intervalos de alta intensidad (HIIT), entrenamiento con pesas, natación y más, según su estado de salud y estado físico actual. Se ha comprobado que el ejercicio libera endorfinas en el cuerpo, que es la hormona responsable de ayudarnos a sentirnos bien y felices con nosotros mismos. Es esencialmente un colmo natural. ¿Qué pasa cuando se siente bien consigo mismo? Así es, se siente más inclinado y motivado para hacer las cosas, lo cual es genial para sus ambiciones de autodisciplina. El ejercicio regular y constante también es otra gran manera de aplicar y practicar la autodisciplina. Además, habrá momentos durante los entrenamientos en los que se sienta agotado cuando ceder o renunciar parece ser la opción lógica. Sin embargo, si puede superar el dolor, ya está creando un impulso aún mayor para convertirse en un individuo más disciplinado.

Dejar de fumar.

Hay pocos hábitos tan malos como fumar. A pesar de todas las advertencias y la conciencia sobre los efectos dañinos, a largo plazo y fatales de los cigarrillos, es impactante y triste que muchas personas todavía se nieguen a poner su salud primero y dejar el hábito. Fumar se ha relacionado con varias enfermedades graves y que ponen en peligro la vida, como el cáncer, las enfermedades del corazón y otras enfermedades. Cuando sabe que un hábito es tan malo para usted, es hora de abandonarlo si quiere mejorar tu vida.

Beber moderadamente.

Los estudios sobre el consumo diario pero moderado de vino se han relacionado con muchos beneficios para la salud. Sin embargo, la clave es la moderación. Además, muchas otras bebidas alcohólicas no tienen los mismos beneficios. Si es posible, mantenga el consumo de alcohol al mínimo. Cualquier cosa en exceso nunca es algo bueno. Como mínimo, no deje que el alcohol, especialmente los refrescos azucarados, le impidan beber agua, el elixir de la vida .

Desarrollar una actitud positiva.

La positividad es una de las cosas más importantes que puede hacer por usted mismo para convertirse en una persona más disciplinada: aprenderse a amar uno mismo y ver el mundo desde una perspectiva positiva. Los humanos tienen una tendencia a ver solo lo negativo. El lado malo de las cosas todo el tiempo. Es muy probable que la razón por la que la queja sea mucho más fácil (y más común) que lo contrario. Encontramos que nos felicitamos por hacer un ejercicio más difícil: enumerar todo lo negativo sobre nuestra personalidad o apariencia sin siquiera pensarlo dos veces.

La felicidad, la productividad y el éxito están asociados con el optimismo y la positividad. Si observara a sus mentores o modelos a seguir, verá que se mantienen positivos, tanto en su perspectiva como en su sentido de sí mismos a pesar de los desafíos que puedan enfrentar. Superan estas pruebas de carácter porque han acumulado positividad a lo largo de los años. Si espera imitarlos, también debe comenzar a adquirir este hábito.

Visualice una versión más saludable de usted mismo.

¿Recuerda cuando discutimos cómo el arte de la visualización puede contribuir a alcanzar objetivos y un subconsciente fuerte? La visualización es una herramienta subestimada que no se usa con la frecuencia suficiente. Puede que no parezca mucho gastar un par de minutos cada día proyectando una imagen en su mente de lo que desea ver, pero puede hacer toda la diferencia en el mundo.

Cuando visualiza su yo ideal, se envía mensajes positivos. Por lo tanto, también puede ver su entorno y su estado actual en la vida de una manera más positiva. A su vez, subconscientemente atraerá más oportunidades y formas para que lo convierta en realidad, ya sea que se dé cuenta o no. Aplicar la autodisciplina y ver con frecuencia la versión ideal de uno mismo hará que lo desee más y, a su vez, actuará como la fuerza motriz necesaria para empujarlo en esa dirección.

Capítulo 12: Mente sobre la materia.

La autodisciplina, en muchos aspectos, se trata del autocontrol. En este capítulo, veremos cómo puede controlar sus pensamientos. Aprender a controlar los pensamientos puede ser una de las prácticas más difíciles de aplicar. Sin embargo, este aspecto vital de la autodisciplina puede ser conquistado.

Es inevitable que se encuentre o aprenda sobre ciertas personas con logros increíbles. Es natural que exclame "¡Wow!¿Cómo diablos hicieron eso? ¡Yo nunca pude hacerlo! "La verdad es que lo más probable es que pueda hacerlo y lo haría de la misma manera que lo hicieron: aprendiendo a controlar sus pensamientos y siendo un firme creyente de que cada situación a la que se enfrenta se reduce a la mente sobre la materia.

Su mente es el activo más poderoso que posee. Su mentalidad lo hace o puede romperlo. El pensamiento negativo es un ejemplo de una mentalidad que puede romperlo. También es la razón por la que a algunas personas les resulta difícil hacer realidad incluso los objetivos más simples, mientras que otras están empujando los límites y redefiniendo su futuro. La negatividad es algo con lo que su mente constantemente tiene que lidiar. El peligro con el pensamiento negativo es cuán fuerte es su influencia y cuánta potencia ejerce. Alimentar el pensamiento negativo puede llevar a una actitud derrotista, que a su vez puede hacer que renuncie incluso antes de que haya tenido la oportunidad de comenzar.

Cada vez que se dice a sí mismo "¡Esto es imposible!", "¡No puedo hacer esto, no puedo!", O "No soy lo suficientemente fuerte", siembra una semilla en su mente que puede convertirse en un ser cumpliendo la profecía. Estos pensamientos negativos se amplifican por su fuerte y subconsciente deseo y creencia de que, tal vez, tiene razón y que no está a la altura de esta tarea. Como puede ver, la mente y los pensamientos en los que moras son muy poderosos.

¿Y las personas exitosas? Nunca usan connotaciones negativas para describir una situación, incluso si es posible que no estén completamente seguros de ello. Lo que hacen es afirmaciones positivas repetidas y firmes una y otra vez hasta que se convencen a sí mismos de su capacidad para lograr absolutamente cualquier cosa que se propongan.

Tomar el control es de usted.

Comience a tomar control de su mente, porque nadie más lo hará, ni podrá hacerlo por usted. Fue Buda quien pronunció las sabias palabras: " cada mañana nacemos de nuevo y lo que hacemos hoy es lo más importante". Reflexiona sobre esas palabras simples pero poderosas por un momento y deja que se hundan.

El mensaje para llevar es simple: cada día presenta una nueva oportunidad para que usted tome el control de su vida y la dirija en la dirección que elija. Lo que hagas hoy es lo que importará en el futuro; no lo que hiciste en el pasado ni lo que harás mañana. Deletrearlo Comience hoy

El secreto.

La gente pagaría buen dinero por el secreto del éxito. Sin embargo, como la fuente mítica de la juventud, no existe. De hecho, no hay secretos, ni atajos, ni ninguna cantidad de dinero que pueda convertir su vida en un éxito. Es cierto que hay varios factores que contribuyen a una vida exitosa y objetivos cumplidos. Uno de los más significativos es, por supuesto, la autodisciplina, especialmente cuando se combina con un fuerte control de sus pensamientos.

¿Recuerda el Peter Pan de su juventud? Nos enseñó a pensar en pensamientos felices y cómo eso podría darle el poder de volar. El sentimiento no está muy lejos de la verdad.

Ten pensamientos positivos. Es más poderoso de lo que posiblemente puedas saber. Hazlo con la frecuencia suficiente y estarás volando alto, logrando gol tras gol. El "poder del pensamiento positivo" no es solo un cliché. es una herramienta. No son solo las palabras de moda de oradores motivacionales y personas exitosas. Predican constantemente sobre el pensamiento positivo, cambiando la forma en que piensas, controlando sus pensamientos y evitando la negatividad, ya que hacerlo puede traer un cambio real y visible a su vida.

Un aspecto importante de controlar sus pensamientos es adoptar la opinión de que todo pensamiento negativo o duda creciente debe tratarse como plagas. ¿Los deja vivir allí, ponerse cómodos y construir una casa? No. De hecho, no se lo pensaría dos veces antes de librar a su hogar de las plagas. No se detendría ni dudaría. Se detendría, aplastaría, perseguiría, y cualquier otra cosa que fuera necesaria para eliminar las plagas lo más rápido posible. Lo mismo se puede decir de tu mente y pensamiento negativo. Su mente es Su hogar, y las emociones negativas, los pensamientos y las dudas son las plagas invasoras. No tienen absolutamente ningún lugar en su hogar, así que actúe en consecuencia.

Las tecnicas.

Use las siguientes técnicas para comenzar a controlar sus pensamientos y llenar su mente solo con buenas afirmaciones. Estos pensamientos y palabras positivos mejorarán su autodisciplina y autocontrol:

Se Flexible.

Nada puede causar un repentino revuelo de emociones frustrantes y hacer que te caigas del vagón de pensamientos positivos más que cuando las cosas no salen a tu manera. Es particularmente cierto cuando ha planeado sus pasos de acción tan meticulosamente. Sin embargo, debe aceptar que los sucesos imprevistos son inevitables. La tragedia llega a todos en cualquier momento. Por lo tanto, ejercerá un mayor control sobre sus pensamientos y un mayor control de sus emociones al aceptar que nada está completamente bajo su control. A veces, hacer lo mejor que pueda y dejar que el universo haga el resto es todo lo que puede hacer. Sin embargo, todavía puede irse con una sonrisa. Mañana es otro día lleno de esperanza y oportunidad.

Predica positividad.

Hay algo que aprender de los miles de oradores motivadores de hoy en día. Puedes comenzar a predicar sobre el pensamiento positivo y su poder. En cada oportunidad apropiada, hable sobre la positividad. Es una cualidad contagiosa. Entonces, no solo se animará a si mismo , sino que también alentará a otros a ser más positivos.

Si su mente es capaz de quejarse y ser negativo sin siquiera pensarlo, puede comenzar a controlar sus pensamientos para lograr lo contrario. Para convertirse en un individuo más disciplinado y con una perspectiva optimista de la vida, debe imaginar que es un orador motivador y hacer lo que hace: predicar y enseñar.

Devorar libros.

Desarrollar un hambre de libros. Cuanto más inspiradores sean, mejor. Cualquier libro que impulse su determinación, autodisciplina y fuerza de voluntad. Abastéscase de libros que lo equipen y capaciten para hacer realidad sus sueños. Llene su biblioteca con ellos.

Las personas exitosas leen mucho. Por lo tanto, están en control perpetuo de sus pensamientos, proyectando solo lo que quieren en su realidad. Ahora está entrando en las primeras etapas del aprendizaje para estar en el asiento del conductor, para tener el control de su mente en lugar de darle el mismo poder. Estas primeras fases son las más cruciales. Es cuando su mente comienza a reaprender, volver a crecer. Un renacimiento, si quiere. Para ayudarlo a lo largo de su crecimiento, necesita alimentarlo con el alimento que viene en forma de libros inspiradores. Devorar regularmente y consistentemente. Cree una impresionante biblioteca de contenido inspirador en el hogar o en su dispositivo móvil al que pueda acceder fácilmente.

Encuentre la inspiración diaria

¿Cómo puede tener una mentalidad positiva y procesos de pensamiento controlados tan pronto como se levante?Encuentre una fuente de inspiración de la que pueda alimentarse durante todo el día. ¿Tiene una cita favorita o un dicho que lo empuja a ir más allá? Imprímalo y péguelo junto a su cama. Asegúrese de que es lo primero que pone los ojos cuando se levanta por la mañana. No se detenga ahí. Comience a llenar las diferentes superficies de su hogar con afirmaciones positivas, citas y refranes en lugares que probablemente no se perderá. Puede estar en su computadora, en los espejos, en la puerta de su armario o en su teléfono. ¡Sea creativo! Por lo tanto, ayudará a establecer el tono de cómo transcurre todo el día. Cada vez que un pensamiento negativo o una sombra de duda se arrastra, aplastelo volviendo a su fuente de inspiración.

Una visión diferente del fracaso.

Por cada pensamiento negativo que tenga, siempre hay uno positivo con el que podría reemplazarlo. Es un hecho que los contratiempos, los desafíos y otros obstáculos se encuentran en el camino del éxito. Puede verlos como fracasos, o puede verlos como lecciones de vida sobre qué cosas funcionan y cuáles deberían mejorarse.

Thomas Edison no podría haberlo dicho mejor cuando dijo, estoy parafraseando, no fracasé, simplemente encontré 1000 formas de no hacer una bombilla. ¿Ves cómo cambió su percepción?. Lo que todos los demás vieron como un fracaso , simplemente el lo percibió como una oportunidad de aprendizaje. Del mismo modo, nuestros errores pueden proporcionar grandes momentos de enseñanza. Esta simple forma de controlar sus pensamientos puede ser una gran diferencia. Después de todo, si Edison hubiera dejado que eso lo detuviera, hoy no nos estaríamos beneficiando de sus increíbles logros.

Reevaluar su sistema de creencias actual.

¿Cuánta confianza tiene actualmente? Más importante aún, ¿esas creencias apoyan sus ambiciones y sueños? ¿O son bloqueos mentales que lo han estado frenando?

Tomar un largo y duro vistazo a su sistema de creencias es un paso importante que debe realizarse incluso si no le gustan las respuestas que ve. Si su creencia en si mismo es responsable de retenerte todo este tiempo, aprender a controlar sus pensamientos significa que tendrá que cambiar si quiere cambiar las cosas. Es hora de obtener algunas nuevas creencias.

Ser mentalmente duro.

Ahora que está listo con las estrategias necesarias para controlar sus pensamientos, es hora de pasar al siguiente paso: desarrollar una mentalidad dura. Esta parte del proceso solo viene después de que haya aprendido a controlar sus pensamientos. Si vas a seguir deslizándose de nuevo en el ámbito de la negatividad, tener una mentalidad dura no le hará mucho bien. Cuando reprograma la forma en que piensa y ve la vida, verá que comienza a ver las cosas con mayor claridad. Este punto es cuando realmente comienza el cambio significativo, y cuando tiene una mentalidad dura para hacerla compañía, se convertirá en una fuerza imparable.

Tome nota de los siguientes beneficios al desarrollar una mentalidad dura:

- Mejorará su confianza, lo cual es crucial si quiere superar los obstáculos que encontrará al continuar alcanzando sus metas.
- Lo hará más resistente. Una mentalidad dura significa que tiene suficiente determinación, agallas y fuerza de voluntad para no ser desanimado por cualquier cosa que intente detenerlo. Se convertirá cada vez más adepto a tomar cada desafío con calma.
- Le permite seguir adelante, liberándose de lo que antes le retenía. El único pensamiento que tiene está

enfocado en alcanzar sus metas y llevarlas a buen término.

- Mejorará su concentración, especialmente en esta etapa cuando necesite vigilar el logro que le espera al final. Además, las distracciones ya no tienen una influencia tan fuerte en usted. Un mejor enfoque y claridad mental abren la puerta para aún más oportunidades que de otra manera no habrían notado. Eventualmente, su mente comienza a operar de una manera que solo comienza a ver soluciones en lugar de problemas.
- Minimiza el estrés. Sabe que es lo suficientemente fuerte como para resistir cualquier tormenta. La fortaleza mental significa que no dejará que las cosas le afecten fácilmente. En el fondo, confía en estar preparado para el desafío y cualquier adversidad es solo temporal. Menos estrés también mejora su salud general, lo que lleva a un mejor sueño, tranquilidad, felicidad y mucho más,

Todos los puntos anteriores comienzan cuando decide pensar en positivo y ser duro.

Ser duro mentalmente no es algo que está fuera de su alcance. Si puede aprender a controlar sus pensamientos y trabajar en su autodisciplina, ciertamente puede entrenar su mente para que sea más dura que nunca. Es capaz de lograr cualquier cosa que se proponga.

Desarrollando una mentalidad dura

Las personas mentalmente duras no aparecieron de ninguna parte ni se cayeron del cielo. Tampoco nacieron con una mentalidad dura. Es una cualidad que trabajaron arduamente para construir y desarrollar todos los días. Tomó trabajo constante, autodisciplina, fuerza de voluntad y determinación. Cuando las cosas se pusieron difíciles, lo aprovecharon como una oportunidad para demostrarse a sí mismos y mostrar exactamente de qué estaban hechos. Con el tiempo, y la resistencia se convirtieron en parte de quienes eran.

Usted también puede convertirse en un individuo mentalmente fuerte, y esto es lo que debe hacer:

Luchar contra el impulso de correr.

Cuando las cosas se ponen difíciles, ceder al deseo de renunciar, admitir la derrota y huir puede ser tentador. Sin embargo, esos son exactamente los instintos contra los que necesita luchar, y es una batalla que debe ganar. De lo contrario, su esperanza de ser más duro disminuye mentalmente. No se rinda al miedo. Es capaz de mucho más de lo que se da crédito. Ha superado situaciones difíciles en el pasado. Ahora necesita convertir la victoria en un hábito.

Ser comprometido.

La mitad de la batalla ya está ganada si se compromete de todo corazón con la tarea o el objetivo en cuestión. A menudo, fallamos porque nuestro corazón no está realmente en ello. Recuerda un momento en el que tan desesperadamente deseaba algo, que estaba dispuesto a hacer cualquier cosa para que fuera suyo. En contraste, recuerde un momento en que intentó algo sin esa misma urgencia y deseo. Lo más probable es que en el momento en que las cosas se pusieron difíciles, se rindió rápidamente y se marchó con la conclusión de que no valía la pena el problema. El primer escenario es la prueba de que tiene la capacidad de ser alguien mentalmente fuerte. Describe perfectamente lo que haría cualquier individuo de mentalidad fuerte. Esa es la persona que necesita para comprometerse ahora, saltar con ambos pies. Es la única forma en que esto va a funcionar.

Sintonizar a los enemigos.

Es probable que haya una, dos o varias personas en el camino que intentarán derribarlo. Los enemigos lo harán. Preferirían verlo fallar. Sabrá que es cuando está haciendo algo bien. Para crear un estado de ánimo más duro, debe desconectarlos por una sencilla razón: no importan. No tienen autoridad sobre usted. No les debe nada. Su odio y falta de apoyo no lo beneficiarán de ninguna manera. Por lo tanto, no tienen nada que decir sobre lo que debe y no debe hacer con su vida. No deje que le afecten. Cuanto más aprenda a desconectarlos, más difícil se volverá. Sigua recordándose: los enemigos no importan.

No te preocupes.

¿Por qué preocuparse por cosas que no puede controlar? Si lo hace, no hace más que perder su precioso tiempo. El tiempo que, en cambio, podría haberse dedicado a diseñar estrategias para ayudarlo a llegar a la siguiente fase de su misión. Es otra razón por la cual las personas exitosas son mentalmente duras. No desperdician su energía en cosas que están más allá de su control.En su lugar, hacen lo que hay que hacer y ponen su mejor pie adelante. Si funciona funciona. De lo contrario, encontrarían la forma de hacerlo funcionar con el siguiente intento.

Ser uno que se preocupa siempre solo sembrará en su mente semillas de duda y eso no es algo que desearía mientras construye una mente más dura.

No comparar.

Comparartir con los demás es otra práctica en la que las personas mentalmente duras no pierden el tiempo. Compararse con otros no es productivo. Cada persona es diferente, vive una vida con diferentes objetivos, desafíos y situaciones. Las personas mentalmente duras se enfocan solo en superarse a sí mismas y en sus propios logros. Si se comparan, solo se comparan con sus seres más jóvenes y menos entrenados.

No se compare con nadie más, entienda que sus logros son totalmente suyos y únicos para usted. Las comparaciones solo lo estresarán, frustrarán y decepcionarán. Las comparaciones son una distracción innecesaria de sus metas. Ahórrese el drenaje de la energía mental causada por el estrés.

Ponga a prueba sus límites regularmente.

Logre una tarea difícil cada semana que supere sus límites. Nada lo impulsará más rápido hacia un estado mental más duro que el desafío constante en cada oportunidad. Piense en ello como un ejercicio mental semanal para su cerebro. Si quiere tener una mente más fuerte, necesita seguir construyendo y empujando un poco más de lo que lo hacía antes.

Recordemos la metáfora siempre útil para el ejercicio físico. Entrenar su mente funciona igual. Cuanto más se mantenga empujando, más fuerte se volverá. Cuanto más se desafíe a si mismo, más duro se vuelve. Elige una cosa cada semana que encuentre desafiante. Entonces, hagalo un objetivo para superarlo. No tiene que ser nada importante, solo tiene que ser un desafío. Debe ser algo que lo saque de su zona de confort. Tienes que ser honesto consigo mismo y evitar las tareas que sabe que serán muy fáciles. Elegir tareas fáciles destruirá el propósito.

Aquí hay un ejemplo simple: si nunca ha corrido una milla antes, hagalo este fin de semana. No se detenga hasta que haya logrado ese objetivo. Cuando usted siente que sus piernas están en llamas, que está a punto de darse por vencido, y desesperado por dejar de fumar, no se detienen. Enfréntese a ese muro aparentemente insuperable y derríbelo. Felicítese cuando lo haga. La próxima vez, conviértalo en una milla y media, y en otra y en otra, mientras se dice a sí mismo que puede hacer esto y mucho más.

Capítulo 13 - El significado de su entorno.

Hemos llegado a ver que el éxito a menudo se reduce a su determinación, disciplina, mentalidad y fuerza de voluntad. No se trata de suerte. En este capítulo, analizaremos el papel que su entorno también desempeña en su viaje hacia la superación personal.

Su entorno importa más de lo que piensa. Lograr el éxito consiste en tomar el control, no solo de la autodisciplina, sino también del entorno en el que pasa la mayor parte de su tiempo .Si bien los entornos externos no son una parte importante de los elementos que contribuyen a su éxito, sí marcan la diferencia .

Una forma fácil de comprender este concepto sería imaginarse en su oficina. Ahora, imagine la oficina limpia, organizada, perfectamente iluminada y cómoda con todo en su lugar apropiado. En resumen, el tipo de entorno adecuado que alimenta la productividad óptima. Ahora, imagine lo contrario. Un espacio de oficina que está al revés y lleno de papeles, herramientas, materiales y escombros por todas partes. ¿Cómo lo hace sentir este último escenario? Es fácil ver cómo el primero es un escenario que fomenta la productividad, mientras que el segundo respira la desmotivación y la pereza. Es tan desordenado que ni siquiera puede pensar correctamente, y mucho menos trabajar. Naturalmente, es probablemente el peor lugar para inspirar autodisciplina.

El poder de controlar y dar forma a su éxito está en sus manos. También es su responsabilidad elegir el entorno adecuado que propicie el crecimiento de cualidades positivas y productivas.

Dar forma a su entorno.

Tome el control de tu entorno. Puede establecer todos los objetivos y planes de acción que desee; Muestre toda la determinación y la fuerza de voluntad. Sin embargo, si su entorno no es propicio para ayudarlo a alcanzar esos objetivos de manera productiva, le resultará difícil mantenerse en el camino.

¿Por qué?

Seamos sinceros. Hasta cierto punto, al igual que en el ejemplo anterior, su entorno tendrá cierta influencia en su estado de ánimo. Sus pensamientos y comportamiento pueden estar tan influenciados por su entorno como lo estarían por las personas con las que se rodea. Si pasa mucho tiempo en un entorno inútil, el crecimiento y la superación personal son casi imposibles.

Necesita cambiar su configuración y desarrollarla en una que aumentará sus niveles de productividad. Si se coloca en un entorno organizado, también se convertirá en una persona más organizada. Por lo tanto, la elección del entorno es otro factor que debe considerar al establecer sus metas personales. Pregúntese si su situación actual lo está ayudando a desarrollar la determinación y la autodisciplina a las que apunta.

Los lugares donde es más probable que pasen la mayor parte de su tiempo serían en su hogar y en su lugar de trabajo. Por lo tanto, estas son las dos áreas en las que primero debe comenzar a reevaluar. Trabaje en dar forma a un entorno que haga fluir sus jugos creativos; infundirlo con positividad y buenos sentimientos; y que lo estimulen. Por encima de todo, elija un lugar que tenga distracciones mínimas. Los cambios no necesitan ser vastos. Un pequeño retoque aquí y allá puede iluminar dramáticamente la apariencia de un espacio. Entonces, piense qué debe hacerse con su entorno para que sea útil para cultivar su autodisciplina, productividad y buenos hábitos.

Es posible que desee revisar el capítulo 12 sobre cómo encontrar inspiración diaria. La creación de un entorno propicio puede incluir imágenes de citas motivacionales, dichos, mantras u objetivos en torno al espacio. Imprima carteles vibrantes y coloridos e imágenes de palabras o imágenes que lo inspiren. Elija imágenes que lo motiven a enfocarse y continúe con su tarea actual. Si trabaja en un cubículo, escriba citas motivacionales en notas post-it y péguelas alrededor de su espacio, cualquier cosa que lo guíe es una adición bienvenida.

Al final del día, su entorno puede ser una herramienta que use para ayudar a sacar lo mejor de usted. Se sumerge en su entorno todos los días. Por lo tanto, elije hacer de su entorno uno que saque lo mejor de ti.

Mejore su ambiente de trabajo.

Mejorar su entorno en casa es mucho más fácil que hacerlo en su lugar de trabajo porque tiene más control sobre su hogar y puede hacer cambios sin tener que registrarse con nadie. Por lo tanto, esta sección se centrará en cómo puede mejorar su espacio de oficina para que sea propicio para el desarrollo de sus hábitos de autodisciplina.

Su oficina es donde va a pasar la mayor parte del día y, cuanto más productivo lo haga sentir el entorno, mejor será para su autodisciplina.

Aquí hay algunas maneras en que puede trabajar para mejorar su entorno laboral:

Aumentar la comodidad.

Haga su espacio más cómodo. Es importante que mantenga su área de trabajo tan limpia, y ordenada como sea posible. Una encuesta realizada por Pots Planters & More encontró que los participantes que pensaban que sus muebles eran "incomodos" eran mucho más propensos a sentirse desmotivados y deprimidos por su entorno. Por lo tanto, haga que su cubículo / habitación / espacio sea lo más atractivo posible. Trabajando con lo que tiene.

Mantener una lista.

Mantenga una lista organizada de tareas diarias. El mapeo de las tareas que deben realizarse diariamente le permitirá manejar mejor la administración del tiempo. También hará maravillas para mejorar su autodisciplina. ¿Cómo? A medida que trabaja en cada tarea, marcando una tras otra, se sentirá energizado y bombeado para seguir adelante. Es increíblemente motivador cuando ve cuánto está logrando a medida que su lista de tareas comienza a reducirse lentamente. Las listas organizadas son excelentes herramientas visuales para medir la productividad diaria.

Sigua su progreso.

Nada le da un impulso mayor a su autodisciplina que ver cuánto ha progresado en una tarea. Conviértalo en un hábito en el trabajo para realizar un seguimiento constante de sus tareas asignadas. Indique lo que ya se ha hecho y lo que está por terminar. Por lo tanto, cuando sienta que su disciplina está disminuyendo, echar un vistazo rápido a su tabla de progreso será el empujón que necesita para continuar.

Organice sus cajones.

¿Alguna vez ha intentado organizar sus cajones de trabajo por orden de importancia? Mantenga los artículos más importantes en la parte superior. Estos elementos incluyen tareas que requieren una resolución inmediata y las cosas que requieren acceso frecuente .Esencialmente, los elementos y documentos de máxima prioridad deben estar en áreas a las que pueda acceder rápida y fácilmente para que no pierda el tiempo buscando en su escritorio. Continúe organizando el resto de los cajones según la relevancia y la prioridad, con lo menos importante en el cajón inferior. El cambio aparentemente pequeño aumentará su productividad enormemente.

Perder las distracciones.

Mantener las tentaciones y distracciones fuera de la vista. Fuera de la vista a menudo significa fuera de la mente. Las distracciones son el asesino de la productividad final. Cuando está tentado a desviarse de su tarea actual, comienza una batalla entre su autodisciplina y sus deseos. Apéguese a su yo disciplinado y reduzca sus distracciones a un mínimo o cero, si es posible, hasta que haya terminado todo el trabajo requerido.

Capitulo 14 : Cambie su enfoque para trabajar.

A menos que ame lo que hace, la idea de trabajar es probablemente la perspectiva menos emocionante en la que puedes pensar. Sin embargo, considerando que su trabajo ocupa la mayor parte del día y la semana, disfrutar del trabajo requerirá autodisciplina y atención a los detalles. Este punto suena más verdadero si quiere que lo vean como un activo valioso para su empresa. Por más que le disguste, el trabajo paga las facturas y todos necesitan un trabajo para poder subsistir. Recuerde, enfóquese en lo que puede controlar. Entonces, a menos que tenga una mejor opción, no tiene sentido quejarse de su trabajo actual.

Las empresas suelen considerar a los empleados potenciales que muestran los siguientes rasgos:

- Fuerte demostración de autodisciplina, diligencia y determinación hacia cualquier tarea que se les asigne.
- Adepto a priorizar sus tareas (lo que también requiere autodisciplina)

La autodisciplina es una habilidad que lo hará altamente empleable. Sin él, no se pueden lograr las dos cualidades que los empleadores buscan activamente. Muchas personas no se dan cuenta de que la gerencia superior casi siempre nota una falta de autodisciplina. Incluso podría ser la razón por la que no eres considerado para promociones o mayores responsabilidades que te habrían puesto un paso por delante de tus compañeros de trabajo.

Para cambiar su enfoque del trabajo, necesita cambiar la forma en que trabaja. Si anteriormente realizaba solo el 50% de su potencial total, ahora debe hacerlo al 100%. Nuevamente, comprometerse con un trabajo de todo corazón requerirá mucha autodisciplina para respaldarlo.

Deje de ver el trabajo como un lugar de servidumbre forzada de ocho horas al día. Más bien, comience a verlo a través de los ojos de una persona exitosa, agradecido por este trabajo porque al final del día le brinda los medios financieros para apoyarse a sí mismo, así como la oportunidad de capacitarse y mejorar.

Comience a brillar como la estrella que es.

Hay algunas cosas que los empleadores aman más que un empleado que está dispuesto a recorrer la distancia. Para comenzar a cambiar la forma en que trabaja en la oficina, necesita comenzar con lo siguiente:

- Haga una lista (sí, otra lista) de todas las tareas en el trabajo que le han asignado, tanto grandes como pequeñas. Cada pequeño detalle es importante, y siempre que sea algo de lo que sea responsable, debe estar en la lista.

- Ahora, eche un vistazo a su lista y pregúntese si solo podría elegir un elemento para el día, cuál sería.¿Traerá el mayor beneficio para usted y su empresa?
- Una vez que haya tachado y completado las tareas más importantes, vuelva a la lista y repita el proceso hasta que, finalmente, todo esté completo.A lo largo del camino, es posible que algunas tareas se puedan realizar al mismo tiempo si una es compatible o complementaria de otra.
- Elimine los malos hábitos que antes era culpable de cometer en el trabajo. Incluyen navegar sin rumbo por Internet y sitios de redes sociales, leer periódicos, tomar un café extra largo o charlar ociosamente con colegas. Manténgalos al mínimo, o ahorre para cuando haya terminado lo que se supone que debe hacer por el día.
- Mantenga las distracciones en el trabajo al mínimo comprometiéndose a no revisar su teléfono varias veces al día o navegar por los sitios de redes sociales hasta que esté en sus horas de descanso designadas. Ponga su teléfono en modo silencioso y guárdelo en su bolsa, escritorio o casillero para que no se vea y se haya vuelto a la mente.

- Comience a pedir más responsabilidad en el trabajo, porque nada lo impulsará a los focos más rápido que eso. Los empleadores aman al personal que está dispuesto a asumir más responsabilidad y muestra cuán productivos y comprometidos son con sus carreras. Cuando termine con una tarea del día, pregunte si hay algo más con lo que pueda ayudar a su supervisor o gerente.

- Use la autodisciplina para darle ese impulso adicional para que trabaje antes, trabaje más y quizás se quede más tarde si lo necesita. Empezar a trabajar antes te da una ventaja en las cosas que necesitas para estar al día. Si tiene que quedarse un poco más tarde para realizar una tarea, hágalo. Por lo tanto, puede mantener el mañana abierto y despejado para nuevas responsabilidades y tareas.

- Empiece a vestirse para el éxito, incluso si requiere un esfuerzo adicional en la mañana. Necesitará autodisciplina una vez más para asegurarse de entrar a la oficina todas las mañanas en forma, ordenada y presentable. Puede ser tentador tener "días perezosos" a los que prefiere ir con un aspecto desaliñado y sin preocupaciones. Una vez más, es por eso que la autodisciplina es la clave para hacer una diferencia en este momento. Cuando se vista cada mañana, póngase en el lugar de sus gerentes o jefes y piense qué tipo de persona les gustaría ver en una posición de autoridad en la empresa. ¿Es alguien que parece que hicieron un esfuerzo? ¿O alguien que acaba de salir de la casa con la primera cosa que podrían lanzar juntos en la mañana?

El uso de este método debería detener efectivamente el desperdicio de tiempo en tareas irrelevantes, sin sentido y de poco valor. No solo eso, sino que aumentará enormemente su productividad en el trabajo. No tiene nada que perder al poner un esfuerzo extra en el trabajo. Es la verdadera marca de la autodisciplina que es realmente; cuando es capaz de hacer las cosas que inicialmente podría ser reacio a hacer. Por el contrario, tiene mucho que ganar porque cada paso solo beneficiará y ayudará a su carrera. Por lo tanto, cuando llegue la próxima promoción, habrás hecho todo lo posible para ponerte por delante del resto.

Capítulo 15 : Cambiando sus finanzas.

¿Alguna vez ha pensado cuántos de sus problemas financieros se derivan de una falta de autodisciplina? Es cierto que puede ser difícil evitar la tentación de gastar. La gratificación instantánea que te hace sentir bien después de cada compra y la tentadora "oferta" puede ser muy difícil de dejar pasar. Sin embargo, con un fuerte autocontrol y disciplina, puede evitar todas las cargas financieras que traen estas compras.

Desafortunadamente, la sociedad en la que vivimos alienta a las personas a vivir más allá de sus posibilidades, pero no les aconseja ahorrar lo suficiente para el futuro. Vivir de los préstamos y las deudas de las tarjetas de crédito es un ciclo sin fin del cual muchos no pueden salir a menos que posean la autodisciplina y el autocontrol necesarios para frenar sus hábitos de gasto. Hágase esta simple pregunta: si perdiera su trabajo hoy, ¿qué pasaría? ¿Estaría en un pánico frenético porque vive de sueldo a sueldo ?¿O estaría bien porque ha reservado de manera cómoda suficiente cantidad de ahorros para mantenerse a flote hasta que logre su próximo trabajo? Usted querría estar en la última categoría, seguramente.

¿Por qué la mayoría de las personas no son financieramente exitosas?

Si cree que es porque su trabajo no paga lo suficiente, piénselo de nuevo. No es la cantidad de dinero que está ganando cada mes lo que marca la diferencia, es su nivel de autodisciplina. Dos personas podrían estar trabajando en el mismo trabajo, ganar el mismo salario y tener la misma cantidad de compromisos cada mes, pero podrían tener dos resultados financieros muy diferentes. La familia A, por ejemplo, podría ser financieramente independiente porque es disciplinada y cuidadosa con la forma en que gasta su dinero. Mientras tanto, la Familia B podría haber acumulado deudas y tener dificultades para realizar el pago mínimo requerido para las facturas.

Naturalmente, gastar dinero nos hace felices, aunque sea temporalmente, y puede ser difícil resistir el atractivo que brinda la terapia minorista. Con la gratificación instantánea, el placer rápido y la nueva y encantadora mercancía, es fácil ver por qué el tirón es tan fuerte. Un golpe de nuestras tarjetas de crédito y nos convencemos de que está bien; Que encontrarás una forma de devolverlo más tarde. Cuanto más feliz se sienta, más obligado se vuelve a seguir gastando más y más. Eventualmente, se convierte en un ciclo sin fin que ha superado sus finanzas.

La terapia minorista es algo muy real, y existe debido a que la sociedad equipara las compras y el gasto del dinero con la felicidad. ¿Cuál es su primer instinto en el momento en que llega su salario a su cuenta bancaria? ¿Para guardar o se anima en silencio porque finalmente puede comprar el artículo que has estado mirando? Es la razón por la cual tantos fracasan financieramente y viven endeudados. Ellos están viviendo más allá de sus posibilidades y metiendo ese dinero duramente ganado en ahorros no es lo primero que piensan hacer. Requiere autodisciplina para resistir esos impulsos, ya que su debilidad lo tienta a hacer la próxima compra en lugar de ahorrar ese dinero. Se reducirá a una batalla de fuerza de voluntad, y solo con autodisciplina podrá emerger triunfalmente.

Su futuro financiero está en Sus manos. Las acciones que tome en este momento serán el factor decisivo si recibirá esa gran recompensa en el futuro, o si se encuentra en sus 70 años, aún luchando por sobrevivir y preocupado por sus finanzas. Esté determinado y disciplinado para dar la vuelta y alejarse de gastar más allá de sus medios. Es el único factor si quiere que su futuro sea financieramente libre y feliz.

Cambie su pensamiento.

Para cambiar sus finanzas, necesita cambiar completamente su enfoque y pensamiento. La autodisciplina por sí sola no será suficiente para cambiar su situación financiera. Necesitará reprogramar su mente y la forma en que ve el dinero si espera lograr independencia financiera y libertad de deudas. Va a ser una revisión importante.

Será difícil a veces. Donde una vez asoció la felicidad con el gasto, ahora necesita cambiar eso para asociar la felicidad con el ahorro. ¡Tu nuevo mantra necesita estar ahorrando dinero!. No se preocupe, ese mantra se demostrará verdadero a medida que vea que el número aumenta lentamente cada vez más con cada depósito que realice.

Aunque no lo parezca, la cantidad más pequeña hace una diferencia. Si ahorra solo $ 10 al mes, al final del año es $ 120 más de lo que tenía antes de comenzar. Multiplique eso a lo largo de varios años y se sorprendería de la diferencia que solo pueden aportar $ 10. No es tan difícil comenzar, incluso cuando importa el número más pequeño. La pregunta es, ¿tiene suficiente autodisciplina para hacerlo? Su respuesta debe ser un rotundo ¡ SÍ, LO PUEDO HACER!

Obtenga su libertad financiera hoy mismo.

Con la autodisciplina en la mano y la determinación de tener éxito, puede cambiar sus finanzas. Nunca es demasiado tarde para empezar.

Tenga una cuenta de ahorros separada.

Si ha estado guardando todo su dinero en una cuenta bancaria, para variar. Abra otra cuenta de ahorros que esté dedicada a ahorros futuros. Piense en ello como su cuenta de libertad financiera, y la única regla de esta cuenta es que una vez que el dinero ha entrado, nunca volverá a salir hasta que sea el momento adecuado. Es imperativo que mantenga su cuenta de ahorros separada. No desea arriesgarse a gastar más de lo que debería, lo que a menudo ocurrirá cuando solo tenga una cuenta bancaria.

Una visión equilibrada de los ahorros.

Tener una visión adecuada de los ahorros: como algo positivo. Ver cómo su dinero crece y se acumula lentamente con cada depósito que haga le dará esa oleada de felicidad que nunca sabía que podría tener. Se sentirá feliz sabiendo que tiene todos estos ahorros escondidos.

Visualice su cuenta creciendo cada mes de manera positiva y creciendo cada vez más para motivarlo a ahorrar más. Cuanto más dinero acumule en su cuenta bancaria, más intereses podrá generar, lo que significará aún más ahorros para el futuro.

Comience con solo el 10%.

Todo lo que se necesita para comenzar a hacer una diferencia es comenzar ahorrando solo el 10% de su próximo cheque de pago. Si lo piensas bien, dejar de lado el 10% aún lo deja con el 90% de sus ingresos para gastar, por lo que realmente no es un número tan grande. Adopte esta mentalidad de ahora en adelante.

Con cada bit de ingreso adicional que reciba, ponga inmediatamente a un lado el 10% de su cuenta de ahorros y olvídelo. Puedes vivir con el 90% si tienes la autodisciplina para hacerlo. Eventualmente, se convertirá en un hábito y no tendrá que pensar dos veces.

Capítulo 16 : La empresa que mantiene.

Dios los cría y ellos se juntan. Probablemente ha escuchado ese dicho por tanto tiempo como puede recordar. Si no ha sido una regla importante que se haya aprobado antes en su vida, ahora está a punto de cambiar, tal vez incluso de manera drástica. ¿Por qué? Porque la compañía que mantienes define quién eres. Si desea convertirse en una persona más autodisciplina, ya no puede darse el lujo de rodearse de personas que serán contraproducentes para sus esfuerzos.

Por más que no quiera admitirlo, algunas personas, incluso las personas que actualmente son importantes en su vida en este momento, simplemente no son buenas para usted. Estos individuos que son todo lo contrario de lo que debería ser el éxito solo servirán para drenar la energía de usted y llenar su vida y sus pensamientos con negatividad. Esto es algo que no tiene el lujo de seguir siendo, a partir de ahora. Incluso si son amigos a los que puede que haya conocido toda su vida, solo una mala manzana del grupo es suficiente para echar a perder toda la canasta. Por lo tanto, incluso si tiene una sola persona negativa en su vida, puede causar un daño catastrófico y desastroso a todo el esfuerzo que ha realizado hasta ahora para mejorar su situación.

Las personas exitosas están predicando constantemente sobre cómo deshacerse de las personas negativas en su vida, y hay una muy buena razón para ello. Tony Robbins, Les Brown y muchos más son solo algunos de los oradores motivacionales prominentes que están predicando repetidamente sobre el cuidado de quién dejas entrar en tu vida. Si tuviera una conversación con su mentor (si tiene uno), le dirán lo mismo. No se puede enfatizar lo suficiente: las personas negativas sacarán lo peor de usted.

Elegir sabiamente.

Elige el tipo de personas que lo rodean sabiamente. A medida que se dirige hacia convertirse en una persona más autodisciplinada , seleccione individuos exitosos, productivos, inspirados y que trabajen constantemente para mejorar a sí mismos o a sus objetivos. El tipo de personas que desea comenzar a tener en su vida debe mostrar una, dos o varias de las siguientes cualidades (cuanto más, mejor):

- Tienen una vision.
- Tienen proposito.
- Son positivos.
- Perseveran a pesar de las probabilidades sin quejarse.
- Son expertos en un campo o habilidad específica.
- Muestran excelencia.
- Ellos estan enfocados.

- Son flexibles.
- Se comunican bien.
- Son ávidos lectores.
- Siempre son curiosos y sedientos de conocimiento.
- Nunca retroceden ante un desafío.
- Siempre están dispuestos a compartir conocimientos.
- Son los maestros de la gestión del tiempo y la eficiencia.
- Ellos estan seguros.
- Priorizan la acción, no las excusas.
- Exhiben alta autoestima.
- Se aceptan a si mismos.
- Tienen grandes sueños, metas, deseos y ambición.
- Viven una vida equilibrada.
- Son felices, satisfechos y contentos.
- Tienen una excelente conexión de contactos y una red que importa.
- Siempre están entusiasmados, incluso en su peor día.
- Nunca culpan a los demas.
- Ellos admiten sus errores.
- Ellos aceptan responsabilidad.
- Tienen un caracter moral positivo.
- Te hacen sentir bien con solo estar cerca de ellos.
- Saben escuchar activamente.
- Son dependientes y autosuficientes.

- Siempre tienen un plan.
- Están dispuestos a trabajar duro.
- Ellos hacen lo que sea necesario.
- Tienen prioridades.
- Saben delegar

Estas son todas las cualidades de las personas con las que debería comenzar a rodearse. Lo ayudará enormemente a que se sienta inspirado y decidido a mantener el rumbo. La compañía que mantiene lo define, y si está constantemente rodeado de personas con estas personalidades, eventualmente trabajará para ser más como ellos.

Personas a evitar.

Puede preguntar: "¿Cómo identifico a las personas de las que necesito distanciarme?" Probablemente sea uno de los pasos más difíciles que debe tomar, especialmente si las personas involucradas han estado en su vida durante años. Sin embargo, esta es una bala que debe tomarse, porque su prioridad en este momento es usted y nadie más. Usted es el capitán de su propio barco y nadie lo va a dirigir en la dirección que usted quiere. Tienes que hacerlo por su cuenta.

Lo que debe hacer ahora es hacer una lista de las personas con las que pasa más tiempo. Deben clasificarse en tres grupos: (1) familia, (2) amigos y compañeros de trabajo, y (3) los lugares y las personas en las que pasa la mayor parte de tu tiempo y día. Ahora, al lado de cada nombre, obtenga un marcador rojo y anote cómo le afecta esa persona. ¿Se siente positivo al estar cerca de ellos? ¿O son una influencia negativa en su vida? Simplemente escriba: Positivo o Negativo al lado de cada nombre. Debe ser muy honesto y objetivo en esta etapa, y no dejar que los sentimientos de culpa empañen su juicio .Se debe a Si mismo vivir su vida en todo su potencial y para hacer eso, debe deshacerse de las anclas que le están pesando, que incluyen a las personas.

Las personas que permanecen en su vida son las que tienen un seno positivo, porque le hacen sentir feliz, inspirado y le dan ganas de hacerlo mejor. Deben apoyar y no ridiculizar sus metas, sin importar cuáles sean. Tener personas que realmente se preocupen por verle triunfar lo elevará de una manera que nadie más lo hará. Necesita este impulso a medida que trabaja para ser más disciplinado y productivo y mejorar sus posibilidades de éxito. ¿Los marcados en negativo en su lista? Bueno, ya sabes qué hacer.

Beneficios de elegir sabiamente.

Por más que quiera mantener a todos cerca, algunas manzanas podridas son exactamente eso: manzanas malas. ¿Qué haces con las manzanas podridas? Tirarlos. Puede sonar duro, pero es absolutamente necesario para que no te conviertas en uno también. Cuando se rodee de la compañía adecuada, pronto notará los siguientes cambios positivos.

Mejor uso de su tiempo.

Ya no perderá más tiempo, gimiendo, abatiéndose, agarrando y quejándose de todo con lo que no está contento. ¿Por qué? Porque las personas exitosas no tienen tiempo para ese tipo de charlas sin sentido. Para ellos, siempre se trata de lo siguiente que se puede hacer y de la acción productiva que tome hoy. Siempre se trata de cómo ayuda a su autodisciplina cuando está rodeado de personas que lo impulsan a hacerlo mejor.

Usted se queja menos y se siente más agradecido.

Si se detiene a considerar todo lo bueno en su vida, a menudo se dará cuenta de que hay más por lo que estar agradecido que por lo que puede quejarse. Las personas exitosas son personas más felices porque hacen un punto para contar sus bendiciones, para ver el lado más brillante de la vida y para ver siempre la vida como un vaso medio lleno. Cuando estás rodeado de este tipo de energía todo el tiempo, no puedes evitar hacer lo mismo. Conviértase en un hábito para ver el lado más brillante de la vida.

Usted desata su potencial interno.

Para hacer algo que nunca ha hecho antes, debes ser alguien que nunca fue. Anteriormente, puede que haya sido ralentizado y retenido por anclas negativas en su vida. Sin embargo, una vez que se deshaga de ellos, debería adolorirte en alturas más altas de lo que nunca pudiste. Es como liberarse de una carga. De repente se siente más ligero que el aire y que todo es posible. Este resultado se demuestra con las personas adecuadas en su vida que lo alientan y animan. Se dará cuenta de que la única manera de ir desde aquí es hacia arriba.

Capítulo 17 : Una pequeña recompensa puede significar recorrer un largo camino.

Hasta este punto, el viaje le habría desafiado de una manera que nunca creyó posible. Aprender a dominar la autodisciplina no es una tarea fácil, y hay una razón por la que se llama un logro. Tendría que trabajar duro para llegar a donde está ahora. Incluso si considera que trabajar para mejorar sus niveles de autodisciplina es algo pequeño, todavía está trabajando duro en algo, y ese solo es un logro maravilloso del que merece su orgullo. Recompénsate y siéntete orgulloso de lo que has logrado.

Recompensarse a si mismo importa.

A veces, incluso las mejores personas necesitan un impulso adicional en el camino para repostar el fuego que los mantiene en movimiento. No es diferente. Por muy decidido que sea, este viaje será un viaje mental y emocional agotador. Por lo tanto, es importante que de vez en cuando dé un paso atrás y reflexione sobre lo lejos que ha llegado. Celebre sus hitos.

Tratarse bien cuando se lo merece puede brindarle más beneficios. Considere lo siguiente:

Lo motiva a seguir adelante.

Una recompensa siempre es buena. Puede ser el alimento para un alma y una mente que puede necesitar algo de nutrición antes de que se consuma. Le hace sentir bien, lo mantiene feliz y, lo que es más importante, le da ganas de seguir adelante. Estos sentimientos positivos son algo que desea experimentar aún más en el futuro. Lo mantiene inspirado y le recuerda que puede lograr lo que se establece ante usted. Se requieren celebraciones porque has llegado hasta aquí.

Te recuerda que el trabajo duro vale la pena.

No hay cosas más alentadoras que poder mirar atrás y ver lo lejos que has llegado. Mirar hacia atrás y decir wow!No puedo creer que lo hice! Es un recordatorio de que su trabajo duro dio sus frutos. Ver tu vida, tus sueños, tus metas y saber que estás trabajando duro para que se cumpla de una forma que nunca hubieras imaginado.

Nadie mas lo hara por usted.

El viaje hacia una mejor autodisciplina es entre usted y solo usted. Solo usted sabrá los obstáculos que debe superar, los desafíos que enfrenta y la cantidad de esfuerzo que ha realizado para superarlos. Por lo tanto, ¿quién mejor para recompensarse que, bueno, usted? Ciertamente no puede ir con otra persona y esperar que lo feliciten y recompensen. Es probable que solo se encuentre con una expresión en blanco y confusa. Date esa palmadita en la espalda.

Te enseña la autosuficiencia.

Todo lo que has logrado hasta este punto ha sido por ti.Su arduo trabajo, su sacrificio, su autodisciplina y su determinación de hacer que algo suceda, y lo hizo todo (o la mayoría) por su cuenta sin tener que depender de nadie.Cuando se recompensa a sí mismo en el camino, le sirve como un recordatorio de que es capaz y que puede confiar en sí mismo. Te vuelves más responsable de tus propias acciones o inacciones. Aprendes cómo tomar mejores decisiones.

Le da un impulso a su autoestima.

Necesita un refuerzo positivo que le recuerde las habilidades que posee, especialmente si su autoestima ha sido víctima de fracasos pasados antes. La confianza y la autoestima son dos cualidades integrales que necesita una persona exitosa. No hay mejor manera de darle un impulso a su ganador interno que una recompensa por los éxitos que ha logrado. Deberías sentirte orgulloso. Hay mucho de lo que enorgullecerse, creciste de alguien que carecía de autodisciplina a alguien que trabaja arduamente cada día tratando de cambiar su vida.Ese cambio solo habla volúmenes.

Te ayuda a pensar positivamente.

No se puede enfatizar o reiterar lo suficiente. El pensamiento positivo es una cualidad crucial para tener de tu lado si quieres que tus objetivos se hagan realidad. El pensamiento positivo es un tremendo levantador de ánimo, capaz de volcar el ceño fruncido. Es difícil ser negativo cuando hay tanto que celebrar.

Te da una mente clara.

Recompensarse a sí mismo eliminará cualquier duda de sí mismo en su mente o cualquier pensamiento negativo que empañe su juicio. Levanta la baja confianza en sí mismo e incluso puede ayudarlo a pasar a la siguiente fase del proceso con una mayor claridad mental de la que tenía cuando comenzó. La claridad mental ayuda a agudizar su enfoque. Le ayudará a levantar el velo de incertidumbre cuando tu juicio esté nublado

Te da un propósito.

Las recompensas te ayudan a seguir adelante con la motivación que traen los incentivos. La anticipación de una maravillosa recompensa que te espera al final puede poner todo en la perspectiva correcta.

Imagínese a si mismo dando el primer paso para completar un nuevo objetivo para la semana. Puede ser algo que está temiendo. Entonces, para sentirse mejor, coloca una pequeña recompensa al final de la semana que le haga sentir feliz y bien consigo mismo. La recompensa puede ser cualquier cosa, desde una buena comida en un restaurante que ha estado mirando o en sesiones de mini refrescos que te refrescarán y te ayudarán a relajarte. Estas pequeñas golosinas pueden llevarte a través de las semanas más difíciles. Le dan el impulso al soldado que hay en usted.

Sin arrepentimientos.

¿La parte más importante del sistema de recompensa? No tener remordimientos. No se sienta culpable por recompensarse a si mismo. No hay razón para lamentarse o sentirse culpable porque esto es algo que ha ganado. Tiene todo el derecho de disfrutarlo al máximo. Usted pone todo de usteden el trabajo. Hizo los sacrificios y cosechó las recompensas que iba a ganar. Por lo tanto, adelante y déjese llevar. Es una forma saludable de nutrir su mente, alma y emociones. Absolutamente se lo merece.

Capítulo 18: USTED.

Cuide bien lo que más importa: su vida, su salud, sus metas y sus sueños. Usted importa tanto como todo lo demás en su vida lo hace.

El hecho de que tenga el deseo, las herramientas y las estrategias para convertirse en una versión más disciplinada de usted mismo significa que ha tenido un gran comienzo. Sin embargo, en su búsqueda del mejoramiento de su vida, hay una cosa que no debe olvidar hacer: ser amable con usted mismo. Necesita recordarse, constantemente, que es importante y que importa. Es muy fácil dejarse llevar por las búsquedas de su felicidad. De vez en cuando, debe dar un paso atrás y recordar que, a pesar de todo lo que sucede a su alrededor, también debe ser amable consigo mismo.

Felicidad, satisfacción , satisfacción con la vida, todas esas cualidades que desea pueden convertirse en parte de este nuevo usted. Sin embargo, no sucederá si no se cuida en el camino. El camino hacia la autodisciplina será desafiante y lo pondrá a prueba en todo momento. Si no se cuida, su bienestar eventualmente pagará el precio. No puede ser una persona mejor, más sana y productiva si su salud y su estado mental están en malas condiciones.

Trabajando en usted.

Mejorar su entorno externo a través de la autodisciplina es solo un aspecto. Para poder avanzar continuamente hacia arriba, mientras sigue persiguiendo un objetivo tras otro, también necesita mejorarse internamente. Por lo tanto, una vez más debe mostrar autodisciplina para asegurarse de no descuidarse. Hacer que todos sus sueños se hagan realidad y sentarse en la palma de su mano no le traerá la felicidad que pensaba si su salud hubiera sufrido como consecuencia de su poca atención.

La buena salud es a menudo uno de los regalos más subestimados que poseemos, uno que ni siquiera pensamos dos veces y damos por sentado todos los días hasta que un día ya no lo tenemos. Solo entonces nos damos cuenta de cuán afortunados éramos de ser saludables, fuertes y sanos. Sin embargo, en ese momento, puede que ya sea demasiado tarde. No deje que las cosas lleguen tan lejos.

Comienza a ser amable consigo mismo ahora.

Aprender a cuidarse desde dentro no es difícil. Si puede dominar el arte de la autodisciplina para conquistar el mundo que lo rodea, hacer lo mismo por usted mismo debería ser un pedazo de pastel. Comience a ser amable consigo mismo al abandonar los siguientes malos hábitos:

Renunciar al juego de la culpa.

Es fácil siempre encontrar algo o alguien a quien culpar por las cosas que no van a nuestra manera. Pero jugar el juego de la culpa solo servirá para sacar todas las emociones negativas que ha estado trabajando tan duro para superar con autodisciplina. Recuerde que ahora mismo, debería tomar el control de su vida. Por lo tanto, si algo no funciona, acepte la responsabilidad, descártela como una curva de aprendizaje y dígase que lo hará mejor en el siguiente paso del proceso. El juego de la culpa ya no es un juego en el que debería tener ningún interés, especialmente cuando hay algo mejor en juego: trabajar para ganar en última instancia en la vida

Abandonar la mentalidad de "víctima"

Sentir lástima por si mismo, lamentarse por las cosas que desearía tener son todas las cualidades de las que necesitas deshacerse. Si ha sido un hábito durante mucho tiempo, la autodisciplina es el rasgo que le ayudará a superarlo. Sentirse constantemente arrepentido de usted mismo no le traerá ningún tipo de felicidad. En cambio, le hará más desgraciado cuanto más tiempo se detenga en él. Si se siente miserable todo el tiempo, ¿cómo se sentirá lo suficientemente feliz y motivado para seguir avanzando hacia su meta? Es hora de reconocer qué es lo que más importa y qué cualidades necesita conservar. La mentalidad de víctima no es una de ellas. Sus metas y aspiraciones son su prioridad ahora y aquí es donde debe apuntar su energía de manera productiva.

Aprendiendo a perdonar.

Perdonar a los demás y perdonarse a ti mismo es otra cualidad que debe comenzar a adoptar. Esta va a ser una de las cosas más difíciles de hacer para algunas personas, porque dejar ir el pasado puede no ser algo que les resulte fácil de superar. Sí, puede que haya cometido errores en el pasado. Errar es humano. ¿Qué bien puede hacer darse una paliza constantemente? Aprenda a amarse y perdonarse a usted mismo. Lo que importa ahora es que ha decidido realizar los cambios necesarios para mejorar.

Aprender a perdonar a los demás requerirá un poco más de autodisciplina por su parte, especialmente si tiende a guardar rencor. El objetivo general de ser más autodisciplinado es ser más feliz y vivir una vida más plena y feliz. Al dejar ir el pasado, estará dando los primeros pasos para liberar su mente y su alma de cualquier sentimiento de mala voluntad.

Deja ir la necesidad de tener siempre la razón.

Si antes era de naturaleza argumentativa y siempre tenía que estar en lo cierto o tener la última palabra, las cosas deben cambiar. Mientras trabaja en tu autodisciplina, dese cuenta de que a veces las cosas no siempre van a ir de acuerdo con lo que quiere, sin importar cuán cuidadosamente planeado o pensado sea. Y eso está bien, es cómo funciona la vida a veces.

La vida tiene una forma divertida de intervenir cuando menos lo espera, y no solo tiene que aprender a ser adaptable, sino que debe abandonar esa necesidad para estar siempre en lo correcto. Elija ser amable y feliz en su lugar. Dígase a sí mismo: " Si no me beneficia, entonces ¿por qué insistir en la necesidad de estar en lo correcto todo el tiempo? "Su precioso tiempo y su valiosa energía se gastarán mejor en otros lugares, como trabajar para mejorar su autodisciplina.

Ser adaptable.

Su habilidad para ser adaptable y rodar con los golpes va a ser un factor decisivo en lo feliz que es en tu búsqueda de la autodisciplina. Puede verlo de una de las dos maneras: puede ser terco incluso cuando no está funcionando y perder su esfuerzo, o incluso rendirse por completo. O bien, puede adaptarse e ir con el flujo que, por lo que sabe, podría convertirse en una bendición disfrazada. Este último lo hará sentir mejor y más feliz con todo su viaje. Mientras tanto, el primero solo le dejará con sentimientos de ira, frustración, decepción y desmotivación. La decisión es suya.

Conclusión

Gracias por llegar hasta el final de este libro, esperemos que haya sido informativo y que pueda proporcionarle todas las herramientas que necesita para alcanzar sus objetivos, sean cuales sean.

Todos tienen la capacidad de convertirse en una persona que vive su vida al máximo, aprovechando al máximo cada oportunidad, alguien que tiene éxito a su manera.Todo esto y mucho más se puede lograr si desarrolla este único rasgo y lo convierte en su fuerza motriz en todo lo que hace: Autodisciplina.

Este libro le ha demostrado que es absolutamente posible hacer el cambio, y si usted es capaz de aprender y desarrollar malos hábitos, puede hacer lo contrario. Sí, se sentirá como un desafío y una lucha al principio, que es un hecho, pero será más fácil cuanto más tiempo se persiste.¿Y la recompensa que obtiene de esto? No tiene precio.

No tiene que nacer con talentos extraordinarios para tener éxito; todo lo que necesita hacer es desarrollar el tipo correcto de hábitos que lo llevarán a la cima. La mente sobre la materia nunca ha sido Apter en esta situación, y su éxito se va a reducir a una batalla de su determinación en contra de la tentación. Los rasgos de carácter que quiere tener dependen completamente de usted para construir.

La autodisciplina no es solo una cualidad para la vida, sino que es una cualidad que cambiará su vida de una forma que ni siquiera puede imaginar hasta que comience a hacerlo y ver que sucede justo delante de usted. No tiene que estar descontento con una vida mediocre, ahora posee el conocimiento y las herramientas que necesita para comenzar a cambiar su vida.

Finalmente, si encuentra que este libro es útil de alguna manera, ¡siempre se agradece una recomendación!

www.ingramcontent.com/pod-product-compliance
Ingram Content Group UK Ltd.
Pitfield, Milton Keynes, MK11 3LW, UK
UKHW022225230426
12048UKWH00016BA/1060